KB218035

고엔카의 위빳사나 명상2

평정심으로 맞는 죽음의 기술

THE ART OF DYING

by S. N. Goenka and others, collected and edited by Virginia Hamilton

Copyright ⓒ 2014 Ontario Vipassana Foundation
Korean translation copyright ⓒ 2020 Ontario Vipassana Foundation
All rights reserved.

This Korean edition was published by arrangement with Pariyatti Publishing.

고엔카의 위빳사나 명상 2
: 평정심으로 맞는 죽음의 기술

1판 1쇄 발행 2021. 1. 13.
1판 3쇄 발행 2024. 8. 16.

엮은이 버지니아 해밀턴
옮긴이 담마코리아

발행인 박강휘
편집 태호 디자인 홍세연 마케팅 이헌영 홍보 반재서
발행처 김영사
등록 1979년 5월 17일(제406-2003-036호)
주소 경기도 파주시 문발로 197(문발동) 우편번호 10881
전화 마케팅부 031)955-3100, 편집부 031)955-3200 | 팩스 031)955-3111

이 책의 한국어판 저작권은 Ontario Vipassana Foundation에 있습니다.
저작권법에 의해 한국 내에서 보호를 받는 저작물이므로 무단전재와 무단복제를 금합니다.

값은 뒤표지에 있습니다.
ISBN 978-89-349-9197-7 03200

홈페이지 www.gimmyoung.com   블로그 blog.naver.com/gybook
인스타그램 instagram.com/gimmyoung 이메일 bestbook@gimmyoung.com

좋은 독자가 좋은 책을 만듭니다.
김영사는 독자 여러분의 의견에 항상 귀 기울이고 있습니다.

고엔카의 위빳사나 명상 2

THE ART OF DYING

VIPASSANA
MEDITATION
Teacher

S.N. GOENKA
and others

버지니아 해밀턴 엮음 · 담마코리아 옮김

평정심으로 맞는
죽음의 기술

김영사

위빳사나 명상을 수행한 사람들의 죽음과 그 준비에 대한 이야기, 강의, 경전 구절을 모은 이 책을 S.N. 고엔카 선생님에게 바칩니다. 선생님은 위빳사나 명상을 전 세계로 알리고자 했던 사야지 우 바 킨*의 사명을 기꺼이 이어받아 수많은 사람에게 붓다의 가르침을 나누었습니다. 또한 죽음에 직면했거나 사랑하는 사람의 죽음과 마주했던 분들에게도 이 책을 바칩니다. 이 책은 우리가 붓다의 가르침을 받아들여 부지런히 수행하도록 영감을 줄 것입니다.

● 사야지 우 바 킨Sayagyi U Ba Khin, 1899~1971은 20세기 대표적인 위빳사나 명상 지도자로, 고엔카 선생님에게 위빳사나 가르침을 전했습니다. 그는 20세기 초 유명한 명상 스승인 사야 텟지Saya Thetgyi, 1873~1945에게서 가르침을 받았습니다. 사야지는 미얀마어로 '큰 스승'을 의미하며, 명예 또는 존경을 나타내는 존칭입니다.

위빳사나 명상이란

위빳사나Vipassanā는 있는 그대로 본다는 뜻으로, 인도에서 가장 오래된 명상법입니다. 2,500여 년 전 고따마 붓다가 이것을 재발견하고, 보편적인 괴로움에 대한 보편적인 치료법, 즉 삶의 기술the art of living로 가르쳤습니다.

이 수행법의 목적은, 마음의 불순물을 모두 제거하여 완전한 자유라는 최고의 행복을 얻는 것입니다. 단순히 질병만을 고치는 것이 아니라 인간의 고통을 근본적으로 치유하는 것입니다.

위빳사나는 자기관찰을 통해 자신을 바꾸는 방법입니다. 마음과 몸 사이의 깊은 상호 연결성에 초점을 둡니다. 마음과 몸의 연결성은 몸에서 일어나는 감각에 주의를 기울이면 직접 경험할 수 있습니다. 몸의 감각은 몸의 생명력을 형성하고 마음의 생명력을 계속 조건 짓습니다. 관찰을 바탕으로 마음과 몸의 공통된 뿌리까지 스스로 탐험하는 과정을 통해 마음의 불순물을 녹이고, 그 결과 사랑과 연민으로 가득 찬 균형 잡힌 마음을 얻습니다.

사람의 생각, 느낌, 판단, 감각의 근간이 되는 과학적인 법칙이 분명해집니다. 우리가 어떻게 성장하고 늙어가는지, 어떻게 고통을 만들어내고 고통에서 자유롭게 되는지 직접 경험함으로써 이해하게 됩니다. 이로써 우리는 무지에서 벗어나게 되고, 더 나은 절제력과 알아차림, 평화를 얻게 됩니다.

● 일러두기

- 가능한 한 독자들이 이해하기 쉽게 이 책을 쓰려고 했지만, 꼭 필요한 경우에는 빠알리Pāli어와 힌디Hindi어 용어들을 사용했습니다. 대신 이 용어들이 처음 나올 때 뜻을 설명했으며, 이 책의 마지막에 있는 '빠알리 용어 풀이'에서도 확인할 수 있습니다. 몇 가지 용어는 각주에서 설명하기도 했습니다.

- 빠알리어는 테라와다Theravada(상좌부불교)의 가르침을 기록하는 데 사용한 언어 입니다. 이 책에 수록된 빠알리어 구절은 위빳사나 연구소Vipassana Research Institute의 《빠알리 띠삐따까Pāli Tipiṭaka(빠알리 대장경)》에서 참조하였습니다. 빠알리어 발음 표기는 한국불교학회의 불교학술용어 표준화안을 따랐습니다.

- 담마Dhamma(산스크리트어로 다르마Dharma)는 붓다의 가르침, 자연의 법칙, 자유에 이 르는 길을 뜻합니다.

- 각 장이 시작될 때 왼편에 수록된 시는 고엔카 선생님의 도하Dohā(시구)입니다. 도하는 인도의 오래된 서정시 형식이며, 인도에 있는 위빳사나 명상 센터에서는 가르침의 시작을 여는 글귀로 종종 사용됩니다.

·

서문

수년 동안 남편과 나는 위빳사나 소식지의 편집인으로 일했습니다. 덕분에 용감하고 평화롭게 죽음을 맞이한 명상가들에 관한 이야기를 접할 기회가 많았지요. 이 책에는 그들이 명상 수행을 통해 얻은 지혜가 가득합니다. 우리는 부모, 배우자, 자식, 친구들의 죽음에 관한 이야기를 읽었습니다. 사랑하는 사람들이 행복감과 평정심을 가지고 죽을 때, 그 무엇으로도 대신할 수 없는 상실의 순간에, 기대하지 않았던 평화가 그들을 가득 채우는 것을 종종 목격했습니다.

붓다는 말씀하셨습니다.

"나는 두 가지만 가르칩니다. 그것은 고통과, 그 고통에서 벗어나는 길입니다."

이 책에는 붓다의 가르침을 설명하는 고엔카 선생님의 글, 붓다의 말씀을 적은 경전 구절, 붓다 재세 당시의 수행자들에 관한 이야기, 동료 명상가들에 관한 이야기들이 담겨 있습니다. 이 글들은 괴로움이라는 진리를 받아들이는 데서 나왔습니다. 수행을 통해 힘을 얻고 자유를 맛본 사람들에 관한 이야기를 통해, 고통에서 벗어나는 길을 설득력 있게 보여줍니다.

굳건한 위빳사나 명상가들이 수행하면서 힘을 유지하고 강화하길 바라는 마음에서, 또한 평화를 추구하는 사람들이 진정으로 '자기 자신을 알아차리는 수행'을 받아들여 경험을 통해 자신의 지혜를 계발하도록 격려하기 위해 이 이야기들을 모았습니다.

붓다가 가르친 그 길을 여러분이 경험하기를 바랍니다. 우리가 살면서 직면하는 괴로움과 슬픔에서 벗어나는 자유를 말입니다.

　　　　　　　　　　　　　—버지니아 해밀턴Virginia Hamilton

chapter 1

담마 안에서 돌아가신 어머니

오세요, 세상 사람들이여!
우리 담마의 길을 걸읍시다.
이 길은 거룩한 사람들이 걷습니다.
이 길은 성인들이 걷습니다.

담마의 길은 평화의 길입니다.
담마의 길은 행복의 길입니다.
담마의 길을 이룬 사람은 누구나
끝없는 행복을 얻습니다.

오세요, 세상 사람들이여!
우리 담마의 길을 걸읍시다.
한 걸음 한 걸음 걸어
우리의 고통을 끝냅시다.

양어머니는 우 바 킨 스승님의 헌신적인 제자셨습니다. 그분은 스승님의 지도 아래 위빳사나를 수행하며 크게 성장했습니다. 스승님도 어머니를 매우 아꼈습니다. 내가 아는 한, 어머니는 우 바 킨 스승님이 보는 앞에서 죽음을 맞이한 유일한 제자셨습니다.

1967년 어머니가 약 70세일 무렵, 간암이 발견되었는데, 이미 상당히 심각하게 진행된 상태였습니다. 어머니는 이를 일절 내색하지 않으셨기에, 우리는 어머니가 얼마나 오랫동안 힘들어하셨는지 알지 못했습니다. 돌아가시기 일주일 전이 되어서야 간 부근에 통증이 있음을 담담하게 말씀하셨습니다. 내 아내가 어머니에게 얼마나 아픈지 여쭈니, 이렇게 대답하셨습니다.

"글쎄, 엄마가 아기를 낳을 때 느끼는 고통과 비슷하구나. 그런데 이건 쉴 새 없이 아프네."

그때까지 어머니는 7년 동안 열심히 명상 수행을 하고 계셨습니다. 10일 코스든 한 달 코스든, 어떤 코스가 있을 때마다 어머니는 센터에 가셨습니다. 어머니의 가방은 늘 꾸려진 상태였지요. 집에서 자가 코스Self-Course도 진행하셨습니다. 독실한 힌두교인이셨지만, 더 이상 의례, 의식에 얽매이지 않으셨습니다. 그 모든 것을 버리셨습니다.

암을 진단받고 7일 뒤 돌아가실 때까지, 어머니는 누가 자신에게 병에 대해 물어보는 걸 용납하지 않으셨습니다. 위빳사나 명상 수행자만이 어머니의 방으로 들어갈 수 있었고, 이들은 명상만 하도록 하셨습니다. 명상 수행자들은 와서 30분, 한 시간 또는 여러 시간 동안 명상한 다음 조용히 나갔습니다.

힌두교에는 죽음을 앞둔 사람의 집에 친구들이 찾아와서 존경을 표하는 전통이 있습니다. 어머니는 인기가 많아서 많은 사람이 어머니의 병석을 방문하고자 했습니다. 어머니는 명상 수행자가 아닌 사람도 방문을 허용하셨지만, 방 안에는 들이지 않으셨습니다. 그들은 방문 앞에 조용히 앉아 있었지요.

어머니는 치료에 별 관심이 없으셨지만, 나는 아들의 도리로 치료를 주선했습니다. 날마다 가족 주치의와 전문의가 어머니를 방문했습니다. 그들이 통증에 관해 물으면, 어머니는 이렇게 대답하셨지요. "네, 통증이 있어요. 그게 어때서요? 아닛짜anicca(영원한 것은 없음, 무상함), 아닛짜." 어머니는 통증을 중요하게 여기지 않으셨던 겁니다.

어느 날 아침, 주치의가 통증으로 잠을 못 주무시는 어머니를 염려하며 물었습니다.

"지난밤에 잘 주무셨어요?"

"아니요, 한숨도 못 잤어요."

주치의는 수면제를 처방하였고, 어머니는 그날 밤 약을 복용하셨지요. 다음 날 의사가 와서 다시 어머니에게 잘 잤냐고 물어보니, 또 못 잤다고 대답하셨습니다. 셋째 날도 마찬가지였습니다.

어머니는 어떤 불평도 하지 않으셨지만, 의사는 통증이 너무 심해서 주무시지 못한다고 생각했습니다. 당시에는 약품이 귀해 특정한 약을 구하기 어려웠기 때문에, 의사는 이 중 한 가지라도 드시라는 의도로 강한 수면제 세 가지를 처방했습니다. 운이 좋게도 세 종류의 수면제를 다 구할 수 있었는데, 어머니는 실수로 한 번에 세 가지 수면제를 모두 복용하시고 말았습니다. 그럼에도 다음 날 아침, 어머니는 눈꺼풀이 무거웠지만 밤새 전혀 자지 않았다고 말씀하셨습니다.

그때 나는, 의사가 어머니를 이해하지 못하고 있다는 것을 알았습니다. 위빳사나 명상 수행자에게 잠은 중요하지 않은데, 특히 임종 때 더욱 그렇습니다. 수면제를 복용했음에도 어머니의 강한 결심이 그녀를 깨어 있게 했습니다. 어머니는 매 순간 위빳사나 명상을 수행하셨습니다. 나는 의사에게 수면제가 도움이 되지 않는다고 했지만, 의사는 이해하지 못했습니다.

"이렇게 강한 수면제를 드렸는데도 주무시지 못했네요. 통증이 아주 크신가 봅니다."

"통증 때문이 아닙니다. 어머니를 깨어 있게 하고 감각을 알아차리게 하는 것은 위빳사나 명상입니다."

방을 나오면서 의사가 말했습니다.

"당신의 어머니는 어딘가 특별하세요. 이웃에 사는 같은 나이대의 여자분도 간암인데, 통증으로 매일 무척 괴로워하며 울부짖습니다. 상황이 너무 안타깝지만, 우리가 그녀를 위해 해줄 수 있는 게 더는 없어요. 그런데 당신 어머니는 우리가 오면 웃으시네요."

어머니가 돌아가셨던 밤, 식구 몇몇이 모여 함께 명상했습니다. 밤 11시경에 어머니가 말씀하셨죠.

"늦었어. 너희 모두 이제 자러 가거라."

자정쯤에 담당 간호사가 어머니의 맥박을 짚어보니 잘 잡히지 않았습니다. 간호사는 어머니의 죽음이 가까웠다고 생각했습니다.

"자녀분들을 깨울까요?"

"아니, 아니. 아직 때가 안 됐어요. 때가 되면 알려줄게요."

새벽 3시가 되자 어머니가 간호사에게 말씀하셨습니다.

"이제 때가 되었어요. 가족을 모두 깨워주세요. 나는 이제 떠나야 합니다."

우리는 모두 일어나 어머니에게 갔습니다. 그리고 어머니 몸 여러 곳에 맥박이 없음을 알았습니다. 서둘러 우 바 킨 스승님과 주치의에게 연락했습니다. 먼저 도착한 의사는 이제 수명이 몇 분밖에 안 남았다고 했습니다. 그러고 나서 우 바 킨 스승님께서 오셨습니다. 죽은 사람처럼 힘없이 침대에 누워 계시던 어머니는 스승님이 오신 걸 보자마자 손을 들어 합장하고 존경을 표했습니다.

돌아가시기 5분 전, 어머니는 나를 보며 앉고 싶다고 말씀하셨습니다. 그러자 의사는 "안 됩니다. 몇 분 안에 돌아가실 거예요. 평화롭게 가시도록 두세요. 움직이면 고통스러우실 겁니다. 이미 충분히 고통받고 있습니다. 놔두세요"라고 하더군요. 어머니는 그 말을 듣고도 앉겠다고 말했습니다. 나는 생각했습니다.

'어머니의 마지막 소원이야. 앉으실 수 있도록 도와드려야해.'

나는 어머니 등에 베개를 받쳤습니다. 어머니는 일어나 다리를 모은 명상 자세로 앉아 우리 모두를 응시하셨습니다. 나는 어머니에게 감각을 느끼시는지, 아닛짜를 느끼시는지 여쭈었습니다. 어머니는 손을 들어 자신의 정수리를 만지면서 "그래, 그래, 아닛짜" 하며 웃으셨지요. 그 뒤 30초 정도 지났을까, 그때 숨을 거두셨습니다.

살아 계실 때 어머니의 얼굴은 늘 빛났습니다. 돌아가셨을 때도 어머니의 얼굴은 환하게 빛났습니다.

—S. N. 고엔카

붓다의 지혜

붓다는 모두에게 적용되는 네 가지 거룩한 진리(사성제)를 깨닫고 가르쳤습니다.

첫 번째 거룩한 진리는, 피할 수 없는 고통을 일으키는 불만의 씨앗이 모든 것에 내재해 있다는 것입니다. 우주에 있는 모든 것이 변하고, 끊임없이 흐르며, 영원하지 않고, 실체가 없기 때문입니다. 한순간도 똑같이 머물지 않습니다.

개인의 차원에서 우리도 이에 대해 알고 있습니다. 모든 것이 다 괜찮지는 않으며, 뭔가 놓친 것 같고, 얻은 것을 지키기가 어렵다고 느낍니다. 또 상황이 바뀌어, 우리가 이전에 원하던 것들은 더 이상 중요치 않게 됩니다. 꾸준하게 통제할 수 있는 것은 없습니다. 한순간의 즐거움은 지속적인 만족감을 줄 수 없습니다. 우리가 갈망하는 만족감은 우리 손이 닿지 않는 먼 곳에 있고, 찾기 불가능하며, 순간적일 뿐입니다.

이런 불만이 우리로 하여금 지속적이고 기댈 수 있으며 안전한 것, 즉 영원한 행복을 보장하는 무언가를 찾게 만듭니다. 하지만 모든 것이 끊임없는 흐름 속에 있기 때문에, 이러한 노력은 근본적으로 허무합니다. 만족에 대한 끊임없는 갈망이 두 번째 거룩한 진리입니다.

지대한 노력을 통해 붓다는 세 번째 거룩한 진리를 깨달았습니다. 우리가 삶에서 경험하는 고통에 끝이 있을 수 있다는 것입니다.

네 번째 거룩한 진리는 참된 평화와 참된 자유로 이끄는 여덟 가지 성스런 길(팔정도)입니다. 이 길은 세 가지로 나뉘는데, 그것은 실라sīla(도덕적 행위), 사마디samādhi(집중), 빤냐paññā(지혜)입니다.

실라는 마음, 말, 몸으로 자신이나 다른 사람을 해치는 행동을 삼가는 훈련입니다. 건전한 삶을 살기 위해 노력하는 것은 마음 다스리기를 배우는 바탕입니다. 그러기 위해서는 두 번째인 사마디를 훈련해야 하는데, 이는 마음이 한곳에 모이도록 하여 마음을 고요하게 하는 더 깊은 훈련입니다. 세 번째인 빤냐는 위빳사나 명상을 통해 얻어지며, 우리가 겪는 불행과 불만을 강화하는 조건화와 습관을 완전히 뿌리 뽑습니다.

마음의 정화는 먼 길이고 그걸 완수하려면 많은 생이 걸릴 수 있다고 붓다는 말했습니다. 또한 우리는 셀 수 없는 생을, 삶과 죽음을 반복하며 살고 있다고 가르쳤습니다. 어떤 삶은 행복으로 가득하고 어떤 삶은 괴롭습니다. 이와 같이 모든 삶이 좋고 나쁜 것, 유쾌하고 불쾌한 것으로 짜여 있고, 모두가 이러한 실상에 맹목적으로 반응하며 살아왔습니다.

위빳사나를 배울 준비가 되어 있고 우리의 삶에서 변화를 일으킬 준비가 되어 있다면, 어리석음에 의해 조건화된 반응 습관을 없앨 수 있습니다. 그러면 더 행복하고 더 안정적이며 덜 반응하고 다른 사람들에게 더 관대해질 것입니다. 우리는 더 배우고 싶어 하고, 다른 사람들과 담마를 나누기 시작합니다. 하지만 아직 해결되지 않은 질문이 있습니다.

'죽기 직전에 나는 어떨까? 평온할까? 나는 평화롭게 죽음을 마주할 만큼 강할까?'

죽음, 즉 삶에서 피할 수 없는 종말을 거의 모두 두려워합니다. 대개 사람들은 몸과 마음의 아픔이나 고통에 빠지게 됩니다. 그렇지만 죽음은 고통에서 자유로워지는 길에서 결정적인 순간이라고 붓다는 말했습니다.

죽는 순간 가장 강한 상카라sankhāra(마음의 반응, 의도적 행위)가 의식적인 마음에서 일어납니다. 이 상카라는 다음 생에서 일어날 새로운 의식에 필요한 자극을 일으킵니다. 그 상카라가 불행이나 부정성과 관련이 있다면, 새로운 의식도 비슷한 불행과 부정성으로 일어날 것입니다. 반면에 행복과 건전성으로 가득하다면, 새로운 의식도 행복과 건전성으로 일어날 것입니다.•

일상에서, 나아가 어려운 상황에서도 몸의 감각이 영원하지 않음을 알아차리면, 아주 깊은 상카라들, 긍정적인 상카라들이 일어납니다. 아닛짜를 이해하여 알아차림의 상카라가 강화되고 계발되면, 죽을 때 이 상카라가 일어나 다음 생으로 긍정적인 힘을 밀어붙일 것입니다. 이러한 마음의 힘은 죽음의 순간에 위빳사나를 계속 수행할 수 있는 다음 생으로 마법처럼 우리를 데려갈 것입니다.

여덟 가지 성스런 길을 걷는 것은 '삶의 기술'입니다. 담마 안에서 삶을 사는 것, 즉 선행, 알아차림, 평정심의 삶은 우리 일상의 존재를 향상시킬 뿐만 아니라 죽음의 순간과 다음 생을 준비하게 합니다. 죽을 때 아닛짜를 고요하게 알아차리는 것은 삶의 기술에 얼마나 숙달했는지, 평화의 길, 닙바나nibbāna(궁극적인 자유, 해탈)로 가는 길에서 얼마나 나아갔는지를 알려주는 척도입니다.

• 다시 태어남을 믿든 믿지 않든, 위빳사나 명상은 우리가 상황에 관계없이 삶을 더 쉽게 살도록 합니다. 균형 잡힌 마음을 확고히 하도록 배우고 이것이 강한 습관이 되면, 삶의 모든 도전과 죽음을 헤쳐나갈 수 있게 될 것입니다.

●

진실로 명상에서 지혜가 생겨납니다.
명상을 하지 않으면 지혜는 사라집니다.
득과 실로 이끄는 이 갈림길을 알고서
잘 행동하여 지혜가 커지도록 해야 합니다.

  －《담마빠다 Dhammapada(법구경)》, XX. 282.

●

하늘에서 다양한 바람이 불어옵니다.
동쪽과 서쪽에서, 북쪽과 남쪽에서,
먼지가 가득하거나 깨끗한 바람, 뜨겁거나 차가운 바람,
사나운 센바람과 부드러운 산들바람 등 많은 바람이 불어옵니다.
마찬가지로 몸에서도 유쾌한 감각, 불쾌한 감각, 중립적인 감각이
일어납니다.
명상가가 철저한 알아차림을 부지런히 연마하면,
모든 감각을 완전히 이해하는 현명한 사람이 될 것입니다.
감각을 완전히 이해하고 있으므로, 삶의 모든 더러움에서 자유로
워질 것입니다.
담마에 확고히 자리 잡고 감각을 완벽히 이해하는 사람은 삶이 끝
날 때 조건화된 세계를 초월하여 형언할 수 없는 단계에 이르게 될
것입니다.

  －《상윳따 니까야 Saṃyutta Nikāya》, XXXVI. 12. 〈빠타마 아까사 숫따 Paṭhama
Ākāsa Sutta(첫 번째 허공경)〉

THE ART OF DYING

chapter 2

죽음 앞의 평화

자기중심성이
태어남, 늙음, 죽음의 뿌리입니다.
에고가 없어지지 않는 한,
괴로움과 두려움의 생성은 끝나지 않을 것입니다.

1986년 6월 27일, 위빳사나 지도자인 그레이엄 감비Graham Gambie가 잠시 병을 앓은 후 세상을 떠났습니다. 그레이엄은 고엔카 선생님의 서양인 제자들 가운데 한 명이었습니다. 그는 1971년 보드가야에서 첫 코스를 한 뒤 계속 인도에 머물렀습니다. 1974년 11월 담마 기리Dhamma Giri 위빳사나 명상 센터를 준비할 때부터 거기에 살면서 5년 동안 봉사하고 명상했습니다. 그는 고엔카 선생님이 임명한 첫 지도자 가운데 한 사람으로, 1979년 호주로 돌아가서 호주의 첫 번째 위빳사나 센터인 담마 부미Dhamma Bhūmi를 여는 데 끊임없이 도움을 주었습니다. 전 세계 명상가들에게 알려진 그는 담마의 통찰력과 열의로 많은 사람에게 영감을 주었습니다.

우리는 2월에 호주로 돌아와서 5월에 10일 코스를 진행했습니다. 코스 초반에 그레이엄은 거의 쓰러지기 직전 상태였어요. 명상홀 단상에서는 의식이 거의 없었고, 지시 사항을 전할 때는 한 문장도 제대로 말을 잇지 못하더군요. 밤에는 숨소리만 겨우 들릴 정도였습니다. 걱정이 되어 시드니에 있는 신경과 전문의에게 전화를 걸어 코스가 끝나는 날로 진료 예약을 잡았습니다. 그 다음 날 뉴질랜드로 넘어갈 예정이었지요.

다행히 10일째 그레이엄은 완전히 깨어 있었고, 겉으로 보기에 평상시처럼 회복된 것 같았습니다. 코스가 끝나고 우리는 시드니로 가서 신경과 전문의를 만났습니다. 처음 의사는 이 증상을 사무직 근로자가 종종 앓는 '단기 기억상실'로 가볍게 진단했습니다. 그러다 의사는 CT 촬영을 해보자고 했지요. 결과를 기다리는 동안 그레이엄과 나는 특별한 점심을 즐겼습니다. 신경과 의사에게 돌아갔더니 그는 말없이 필름을 화면 위에 놓더군요. 의사는 왼쪽 뇌의 반 정도를 차지한 종양을 가리켰습니다. 종양 위에는 커다란 물혹이 있었습니다.

난 망연자실해 상황이 파악되지 않았습니다. '그래, 뉴질랜드 비행기 표를 취소해야겠어. 오늘 오후에 바로 병원에 입원시키는 게 좋겠어.' 숙소를 마련하려고 시드니에 있는 친한 친구들에게 전화를 돌리니, 그제야 얼어 있던 감정이 풀려 눈물이 되어 흘러내렸습니다. 무슨 일이 생겼는지 친구들에게 내가 조리 있게 설명하지 못하자, 그레이엄이 직접 전화를 걸어 숙소를 예약했습니다. 그는 고요하고 차분했습니다.

그레이엄을 병원에 입원시키고, 그가 편안한지 확인하면서 나는 겉으로는 밝아 보이도록 노력했습니다. 하지만 그를 떠나자마자 다시 눈물이 나더군요.

그날 밤 명상 수행을 했습니다. 그러자 깊은 평화가 찾아왔고, 그레이엄이 시련을 겪는 내내 그 느낌은 계속되었습니다. 그것은 합리화나 관념화에서 나오는 평화가 아니었습니다. 그냥 '나타나는' 것이었지요.

그는 이틀 후에 수술을 받았습니다. 그러나 의사가 그의 종양 전체를 제거할 수 없었기 때문에 결과는 그다지 좋지 않았습니다. 의사는 뇌종양의 속성 때문에 살 수 있는 기간이 길게는 5년뿐이고, 결국은 식물인간처럼 된다고 했습니다. 그런 충격적인 소식도 그는 차분하게 받아들였습니다.

기자, 직장 동료, 경찰, 명상가 등 많은 사람이 병문안을 왔습니다. 한번은 병문안 온 사람들에게 그가 이렇게 말했습니다.

"끊임없이 변하는 이 몸과 마음에 내가 어떻게 집착할 수 있겠습니까? 움켜쥘 건 아무것도 없어요."

한 동료는 또 이렇게 말했습니다.

"나는 그를 위로하려고 왔는데, 그의 병은 다 잊어버리고 내 문제만 얘기하다 나왔네요."

시간이 흘렀습니다. 남편 옆에서 모든 시간을 보낼 수 있었던 것에 그저 감사할 뿐이었죠. 그는 병원에서 퇴원한 후 10일 만에 다시 입원했습니다. 그는 다리 때문에 힘들어했는데, 다리가 아주 약해져서 겨우 걸을 정도였어요.

종양으로 진단받은 지 6주가 지난 6월 27일 금요일 아침, 병원에 도착했을 때의 일입니다. 그날은 그의 곁에 가까이 있고 싶다는 생각뿐이었어요. 밖으로 나가 심부름 할 일도 없었습니다. 우리는 함께 즐거운 시간을 보냈습니다. 그날 밤 문득, 더 이상 그를 가까이 할 수 없음을 느꼈어요. 나는 침대 한쪽에 올라앉아 립스틱을 바르기 시작했습니다. 그가 갑자기 왜 그러냐고 묻자, 나는 당신에게 예쁘게 보이고 싶다고 대답했습니다. 그러자 그는 내가 얼마나 훌륭한 아내였는지, 그가 내게 느껴왔던 감정을 매우 다정하게 이야기해주었지요. 우리는 행복했습니다. 우리는 그렇게 작별인사를 했습니다.

그날 밤 저녁식사 후, 마지막 한 모금 남은 핫초코를 마시며 깊고 완벽한 평화와 고요를 경험하던 그때, 전화가 울렸습니다. 간호사였습니다. 그레이엄은 심장마비를 일으키고 있었지요(나중에 혈전이 원인임을 알았습니다). 하지만 서둘러야 할 필요는 없었습니다. 그는 이미 떠났기 때문이었죠.

병원으로 가는 동안 빛나는 네온 불빛, 산책하는 사람들, 윈도쇼핑을 하거나 식사를 하는 사람들이 보였어요. 두려움과 상처받기 쉬운 마음이 일어났습니다. 그토록 일상적인 삶의 모습들을 믿을 수가 없었어요. 실재하는 것처럼 보이는 것, 영원하리라 보이는 것은 환상이었습니다. 우리는 모두 아주 얇은 얼음 위를 걷고 있으며, 언제라도 얼음 속으로 빠질 수 있다는 사실을 모르고 있었습니다.

병원에 도착하여 불과 몇 시간 전에 얘기를 나누었던 그 방으로 갔습니다. 황량했지만 나는 즉시 그 분위기의 진동에 끌렸습니다. 물론 거기에는 아무도 없었습니다. 그레이엄의 몸이 침대에 누워 있었지만, 더 이상 입지 않는 낡은 외투처럼 보였습니다. 그것이 지난 4년간 나와 아주 특별한 시간을 같이했던 사람이 남긴 전부였습니다.

그레이엄이 얼마나 대단한 삶을 살았는지 아시나요? 과거에 그를 알았던 사람들이 내게 편지를 보내주었습니다. 모두 그레이엄에게 받은 도움에 대해 말하고 있었지요. 그가 인도를 여행하고 있었을 때, 수중에 있던 마지막 루피를 필요한 사람에게 어떻게 주었는지, 그가 투자하여 받은 약간의 돈을 길거리 아이들을 먹이는 데 어떻게 썼는지 등을 들었습니다. 우리가 함께하는 동안 그가 얼마나 많은 사람을 사랑하고 도왔는지 깨달았습니다. 그가 쌓았던 그 모든 선행이 이제는 그와 함께 사라졌습니다.

더 이상 눈물은 흐르지 않습니다. 어떻게 눈물을 흘릴 수 있나요? 관계는 한 바퀴를 돌아 제자리로 돌아왔습니다. 말하지 못했거나 해결되지 못한 것은 없었습니다. 그렇습니다. 내가 한 일 가운데 가장 힘들었지만, 결실은 아주 크고 많았습니다. 잠시나마 내 삶을 그런 사람과 함께하다니, 나는 정말로 운이 좋은 사람입니다.

장례식장은 사람들로 가득 찼고, 벽에 줄지어 늘어선 사람들도 많았습니다. 다양한 신념을 가진 사람들, 각계각층의 사람들이 그와의 인연으로 그 자리에 참석했습니다. 집에 돌아오니 그가 떠날 때 벗어놓은 듯한 옷이 보이더군요. 그 옷의 주인이 이제는 없으니 기분이 묘했습니다.

— 앤 도네먼Anne Doneman

죽을 때 일어나는 일

죽을 때 무슨 일이 일어나는지 이해하기 위해, 먼저 죽음이 무엇인지 알아봅시다. 죽음은 바와bhāva, 즉 지속적인 '되어 감becoming'의 흐름과 같습니다. 죽음은 '되어감'의 과정이 끝나는 것처럼 보입니다. 아라한arahant(완전히 깨달은 사람)이나 붓다의 경우는 확실히 그렇습니다. 하지만 보통 사람에게는 '되어감'의 흐름은 죽은 뒤에도 계속됩니다. 죽음은 한 생의 활동에 종지부를 찍지만, 바로 그 순간 새로운 생이 시작됩니다. 다시 말해 한쪽은 이번 생의 마지막 순간이고, 다른 한쪽은 다음 생의 첫 순간입니다. 해가 지자마자 바로 해가 뜨는 것과 같습니다. 죽음의 순간은 '되어감'의 책에서 하나의 장이 닫히는 순간, 생의 다른 장이 열리는 것과 같습니다.

어떠한 비유도 그 과정을 정확히 전달할 수 없지만, 혹자는 '되어감'의 흐름은 선로 위를 달리는 기차 같다고 말하기도 합니다. 죽음의 역에 도착해서 잠시 속도를 늦춘 후에 다시 이전과 같은 속도로 달립니다. 한순간도 정거장에 멈추지 않지요. 아라한이 아닌 사람에게 죽음은 종착역이 아니라 다른 선로로 갈라지는 교차로일 뿐입니다. 그 기차는 역에 도착하자마자 이런저런 선로로 옮겨 계속 달립니다. '되어감'의 기차는 과거의 업식 반응을 연료로 하여 달립니다. 한 역에서 다음 역으로, 한 선로에서 다른 선로로 계속 여행하며 끊임없이 계속되는 여정입니다.

이 선로의 전환은 저절로 일어납니다. 얼음이 녹아 물이 되고 물이 얼어 얼음이 되듯이, 생에서 생으로 옮겨가는 것도 자연의 법칙이 제어합니다. 이 법칙에 따르면, 그 기차는 스스로 선로를 바꿀 뿐만 아니라 다음 선로도 스스로 놓습니다.

'되어감'의 기차에서 선로에 변화가 일어나는 죽음의 교차로는 매우 중요합니다. 여기서 현재의 생을 버리는데, 빠알리어로 '쭈띠cuti(사라짐, 죽음)'라고 합니다. 몸이 죽고 즉시 다음 생이 시작되는데, 이 과정은 '빠띠산디patisandhi(환생, 다음 생의 시작)'라고 합니다. 빠띠산디의 순간은 죽는 순간의 결과입니다. 죽는 순간이 태어나는 순간을 만듭니다. 죽음의 순간이 다음 생의 순간

고엔카의 위빳사나 명상2

을 만들기 때문에, 죽음은 죽음일 뿐만 아니라 태어남이기도 합니다. 이 교차로에서 삶은 죽음으로, 죽음은 태어남으로 바뀝니다.

따라서 모든 생은 다음 죽음을 위한 준비입니다. 현명한 사람이라면 이번 생을 최대한 활용하여 좋은 죽음을 준비할 것입니다. 최고의 죽음은 교차로가 아닌 종점으로 가는 것입니다. 아라한의 죽음이 그러합니다. 아라한의 죽음에는 기차가 계속해서 달릴 수 있는 선로가 없습니다. 그러한 종점에 도달할 때까지 사람은 적어도 다음에 죽을 때 좋게 태어날 수 있도록 노력해야 하며, 때가 되면 종점에 도달할 수 있도록 해야 합니다. 이 모두가 우리 스스로 하는 노력에 달려 있습니다. 우리가 자신의 미래를 만드는 조물주입니다. 우리가 자신의 행복이나 고통뿐만 아니라 자신의 궁극적 자유도 만듭니다.

왜 우리가 '되어감'의 기차가 달리는 선로를 만드는 사람이라는 걸까요? 이 질문에 대답하기 위해서는 깜마kamma(행위, 업식)가 무엇인지 알아야 합니다.

숙련되었건 숙련되지 않았건 간에, 마음의 의도는 깜마입니다. 마음에서 일어나는 건전하거나 불건전한 의도는 마음으로, 말로, 몸으로 하는 모든 행동의 뿌리가 됩니다. 루빠rūpa(물질, 대상)가 감각기관과 접촉하여 윈냐나viññāṇa(대상을 식별하고 분별하는 주관적 마음의 작용)가 일어나고, 이어서 산냐sañña(대상에 의미를 부여하고 다양한 개념을 지어내는 마음의 작용, 표상)가 일어나며, 이어서 웨다나vedanā(감각을 느끼는 마음의 작용, 느낌)가 일어나고, 그로 인해 상카라sankhara(반응하는 마음의 작용, 조건화)가 일어납니다.

이러한 의도적 반응은 다양합니다. 어떤 것들은 물 위에 그은 선처럼 금방 사라지며, 어떤 것들은 모래에 그은 선처럼 시간이 좀 지나면 사라집니다. 또 어떤 것들은 바위 위에 끌로 새긴 선처럼 아주 오래갑니다. 의도가 건전하면 행위도 건전할 것이고 그 결과도 이롭습니다. 의도가 불건전하면 행위도 불건전할 것이며 그 결과도 해롭습니다.

이러한 반응들이 모두 새로운 탄생을 가져오지는 않습니다. 어떤 것은 매우 얕아서 의미 있는 결과를 내지 않습니다. 다른 것은 좀 깊지만 이번 생에 지워져서 다음 생까지는 미치지 않을 것입니다. 또 다른 것들은 여전히 깊어 이번 생의 흐름과 함께 다음 생으로 계속되고, 이번 생과 다음 생 동안에 증폭될 수도 있습니다.

그러나 많은 깜마가 새로운 탄생, 새로운 생을 주는 바와-깜마들bhāva-kammā(되어감의 흐름을 만드는 행위) 또는 바와-상카라들bhāva-sankhārā(되어감의 흐름을 만드는 반응)입니다. 각각은 '되어감'의 과정을 일으키고 특정한 존재계의 진동을 이끄는 자력을 지닙니다. 바와-깜마의 진동과 바와-로까bhāva-loka(되어감의 흐름 속의 세계)의 진동은 서로 끌어당기고, 그 둘은 깜마의 힘과 관련된 보편적인 법칙에 따라 결합됩니다.

바와-깜마 중에 하나가 일어나면, 즉시 '되어감'의 열차는 죽음의 역에서 31개 선로 중 하나에 이끌립니다. 사실 이 31개 선로가 존재의 31계입니다. 11개의 까마 로까들kāma lokā(욕계, 감각적 세계), 16개의 루빠-브라흐마 로까들rūpa-brahma lokā(색계, 감각적 세계에서 벗어난 물질적 세계), 4개의 아루빠-브라흐마 로까들arūpa-brahma lokā(무색계, 감각적·물질적 세계에서 벗어난 정신적 세계)입니다.

이번 생의 마지막 순간에 특정한 바와-상카라가 일어납니다. 새로운 탄생을 줄 수 있는 이 상카라는 존재계와 관련 있는 진동과 연결될 것입니다. 죽음의 순간에 31계가 모두 열려 있습니다. 일어난 상카라는 존재의 기차가 다음에 어느 선로를 달릴지 결정합니다. 기차를 새로운 선로에 옮기듯이, 바와-깜마의 힘이 다음 존재로 흐르는 의식을 밀어붙입니다. 예를 들면, 불안하고 뜨거운 진동을 지닌 분노·악의의 바와-깜마는 낮은 존재계와 결합할 것입니다. 마찬가지로, 평화롭고 시원한 진동을 지닌 사랑·연민의 바와-깜마는 높은 존재계와 결합할 것입니다. 이것이 자연의 법칙이며, 이 법칙들은 매우 완벽하고 질서정연

하여 결코 운영에 하자가 없습니다. 이 열차에는 축적된 상카라 외에는 어떤 승객도 없다는 것을 이해해야 합니다.

죽는 순간 보통 강렬한 상카라가 올라옵니다. 그것은 건전하 거나 불건전한 성질을 지닐 수 있습니다. 예를 들면, 어떤 사람 이 이번 생에 아버지나 어머니 혹은 어떤 성인을 죽였다면, 죽 는 순간 그 사건의 기억이 올라올 것입니다. 마찬가지로 명상 수행을 깊이 한 사람이면, 명상 수행과 관련한 마음 상태가 일 어날 것입니다.

그렇게 강렬한 바와-깜마가 없을 때는 비교적 덜 강렬한 깜 마가 일어날 것입니다. 되살아난 기억은 깜마로 나타날 것입니 다. 그 깜마는 성스러운 사람에게 음식을 주었던 건전한 것일 수도 있고, 누군가에게 상처를 준 불건전한 것일 수도 있습니 다. 이와 같은 과거의 깜마에 대한 기억이 일어날 수 있지요.

깜마에 대한 기억이 아닌 그 깜마와 관련된 대상에 대한 기 억이 일어날 수도 있습니다. 다나dāna(기부)로 제공된 음식을 담 은 접시 또는 누군가를 해치는 데 사용했던 무기 등이 그것입 니다. 이것을 깜마-니밋따kamma-nimittā(과거 행위의 이미지)라고 부릅니다.

다음 생의 징후나 표상이 나타날 수 있습니다. 이것은 가띠- 니밋따gati-nimittā(다음 생의 이미지)라고 합니다. 이런 니밋따들은 바와-로까와 연결됩니다. 그것은 천상계 또는 동물계의 장면일 수도 있습니다. 기차의 전조등이 앞에 있는 선로를 밝히듯이, 죽어가는 사람은 이런 이미지 하나를 전조로 경험합니다. 이 니밋따들의 진동은 다음에 태어나는 존재계의 진동과 같습니다.

훌륭한 위빳사나 명상가는 낮은 존재계로 이끄는 선로를 피할 수 있습니다. 자연의 법칙을 분명히 이해하고 언제든 죽음에 대한 준비가 되어 있도록 수행하기 때문입니다.

그러면 어떤 준비를 해야 할까요? 몸에서 일어나는 감각에 평정심을 유지하면서 위빳사나를 수행해나가면 감각에 반응하는 습관을 깨뜨릴 수 있습니다. 그렇게 해나갈 때 새롭고 불건전한 상카라를 일으키는 마음은 평정심을 지니는 습관을 갖게 됩니다.

죽음이 다가오면 썩 유쾌한 감각을 경험하지는 않을 것입니다. 늙음, 병듦, 죽음은 둑카dukkha(고통)이기 때문에 종종 불쾌한 감각을 일으킵니다. 이런 감각을 우뻬카upekkhā(평정심)로 잘 관찰하지 않으면 두려움, 분노, 슬픔, 짜증으로 반응할 것이고, 그러면 바와-상카라와 같은 진동이 일어날 기회를 주게 됩니다. 그러나 꾸준한 수행을 해온 명상가는 죽을 때 평정을 유지함으로써 고통스런 감각에 대한 반응을 피할 수 있습니다. 그러면 무의식 깊이 깔려 있는 바와-상카라들도 일어날 기회가 없을 것입니다.

운이 좋게도 죽음을 앞둔 명상가에게 위빳사나를 수행하는 가까운 친척이나 근처에 사는 친구가 있다면, 그들이 일으킨 멧따metta(자비)의 이로운 진동으로 더욱 평화로운 담마 분위기를 조성할 수 있을 것입니다.

평범한 사람은 보통 죽음이 다가오면 불안과 공포에 사로잡혀 무서운 바와-상카라를 표면에 떠오르게 합니다. 사랑하는 사람과 이별한다는 생각에 비관, 슬픔, 우울 등의 감정들이 일어나면, 그와 관련된 상카라가 위로 올라와 마음을 지배할 것입니다. 위빳사나 명상가는 모든 감각을 평정심으로 관찰함으로써 이런 상카라들을 약하게 하기 때문에 죽음의 순간을 평화롭게 맞이합니다. 죽음을 위한 참된 준비는 이것입니다. 평정심과 아닛짜를 이해하여 몸과 마음에 나타나는 감각들을 반복해서 관찰하는 습관을 계발해야 합니다.

그렇게 해나간다면, 죽을 때 강력한 평정심의 습관이 저절로 나타날 것이고, '되어감'의 기차는 다음 생에서 위빳사나를 수행할 수 있는 선로로 전환될 것입니다. 이렇게 하여 낮은 존재계에 태어나는 것에서 자신을 구할 수 있고 더 높은 곳에 도달할 것입니다. 위빳사나는 낮은 존재계에서 수행할 수 없기 때문에, 이것은 매우 중요합니다.

때로는 명상하지 않는 사람도 죽을 때 관대하고 도덕적이며 강하고 건전한 바와-상카라들이 나타나 좋은 탄생을 얻습니다. 그러나 굳건한 위빳사나 명상가는 위빳사나를 계속 수행할 수 있는 존재로 다시 태어나는 특별한 성취를 이룹니다. 이런 방식으로 축적된 바와-상카라들을 천천히 감소시켜 '되어감'의 여정을 줄이면, 궁극적 자유에 더 빨리 도달할 것입니다.

이번 생에 담마를 만난 것은 과거에 쌓은 큰 공덕 때문입니다. 위빳사나를 수행하여 인간의 삶을 성공적으로 만드세요. 그러면 죽음이 올 때 마음은 평정심으로 가득 차고, 미래는 행복의 길로 나아갈 것입니다.

●

감각적 욕망에 묶이고, '되어감'에 단단히 갇히고,

거짓된 견해에 매이고, 무지에 얽매어 맴돕니다.

이렇게 하여 존재들은 여러 생을 방황하며,

다시 태어나기 위해 죽을 뿐입니다.

– 《앙굿따라 니까야 Aṅguttara Nikāya》, IV. 10. 〈요가 숫따 Yoga Sutta(속박경)〉

●

마음이 모든 현상에 앞서 있습니다.

마음이 가장 중요하고, 모든 것은 마음에 의해 만들어집니다.

순수하지 못한 마음으로 말이나 행동을 하면

고통이 따를 것입니다.

수레바퀴가 소의 발자국을 따르는 것처럼.

마음이 모든 현상에 앞서 있습니다.

마음이 가장 중요하고, 모든 것은 마음에 의해 만들어집니다.

순수한 마음으로 말이나 행동을 하면

행복이 따를 것입니다.

그림자가 결코 떠나지 않는 것처럼.

– 《담마빠다》, I . 1. 2.

chapter 3

본보기가 되는 죽음

모든 삶은
다음 죽음을 위한
준비 과정입니다.
현명한 사람이라면
이 생을 최대한 활용하여
좋은 죽음을 준비할 것입니다.

타라 자다브Tara Jadhav 박사는 1986년에 처음으로 위빳사나 코스에 참가했습니다. 순수한 담마의 길을 찾았기에 더 이상 다른 길이나 수행법을 찾을 필요가 없었지요. 그녀는 일심으로 전념하여 이 길을 걷기 시작했습니다.

타라는 책임질 일이 적었기 때문에 담마의 길로 나아가는 데 시간 대부분을 사용했습니다. 풍부하게 비축된 빠라미따pāramitā(자유로 이끄는 데 도움을 주는 마음 자질)로 인해 위빳사나를 쉽게 수행할 수 있었습니다. 물고기가 수영을 배울 필요가 없듯이, 그녀에게는 특별한 훈련이 필요 없었습니다. 그녀는 과거 여러 생에서 담마의 길을 걸었음이 분명합니다.

그녀는 수행법뿐 아니라 수행에 필요한 시설도 갖고 있어 최대한 전념할 수 있었습니다. 멧따, 까루나karuṇā(연민), 이타적으로 봉사하는 능력이 잘 계발되었기에, 그녀는 1989년 지도 선생님으로, 1995년 상급 지도 선생님으로 임명되었습니다. 그녀는 노령임에도, 매우 헌신적으로 담마 봉사를 하였습니다. 위빳사나 안에서 학생들을 지도하는 동안, 그녀는 다나 빠라미(기부의 공덕)를 계속 쌓았습니다.

82살이라는 원숙한 나이에 그녀는 담마 기리에서 열린 '선생님 자가 코스Teachers' Self-Course'에 참가했습니다. 1996년 12월 2일 아침, 평소처럼 아나빠나ānāpāna(호흡 알아차림)로 코스가 시작되었습니다. 그녀는 그날도 평소와 같이 열심히 수행했습니다. 오후 6시부터 7시까지 개인 명상실에서 명상한 후, 법문을 들으러 담마홀에 갔습니다.

저녁 7시 30분경 법문이 시작되자마자 그녀는 존경을 표하기 위해 손을 모으고 머리를 바닥에 숙였습니다. 한 번, 두 번, 세 번 머리를 바닥에 숙인 후, 그녀는 다시 일어나지 않았습니다. 그녀는 전통적인 담마의 인사 자세로 숨을 거뒀습니다.

가까이 앉아 있던 여성 명상가들은 그녀가 이렇게 절하는 것을 보고 놀랐습니다. 보통 법문이 끝난 뒤에만 존경을 표하기 때문이지요. 그녀는 왜 시작할 때 존경을 표했을까요? 그녀는 절을 할 때마다 "아닛짜"를 부드럽게 반복했습니다. 이것이 이번 삶에서 그녀의 마지막 인사였음을 어떻게 알 수 있었겠습니까?

위빳사나 명상가들은 기계적으로 존경을 표해서는 안 된다고 배웁니다. 평정심을 유지하고 감각의 무상함을 알아차릴 때만 존경을 표하는 의미가 있습니다. 타라는 이런 의도로 절했습니다. 그녀의 마지막 인사는 더 의도적이었고 의미가 있었습니다.

타라는 담마 자매들에게 이렇게 말하곤 했습니다.

"내 생의 황혼기에 나는 한 가지 바람뿐입니다. 담마 땅에서 명상을 수행하다가 이 몸을 버리고 싶어요."

담마에 대한 그녀의 강한 바람이 실현되었습니다. 위빳사나에서 자리 잡고 자유의 길로 가는 담마의 삶을 살았으며, 결국 죽음도 본보기가 되었습니다.

—S.N. 고엔카

조건으로 일어나는 사슬

붓다에 따르면, 우리의 현재는 과거의 생각, 말, 행동의 결실입니다. 따라서 매 순간 우리의 미래는 현재 우리가 생각하고 말하고 행동하는 것들로 형성됩니다. 붓다의 말씀은 심오합니다. 진지하게 명상 수행을 하면서 일상생활을 해나가면, 우리는 피할 수 없는 진리를 알아차리고 정면으로 마주하게 됩니다. 우리는 자신의 미래에 대한 책임이 있으며, 좋은 미래를 만들기 위해 우리 마음을 잘 다스려야 한다는 사실이 매우 분명해집니다. 빠떳짜-사뭅빠다paṭicca-samuppāda(연기법)를 이해하고 받아들이는 것은 우리에게 마음의 평화를 가져다주고 자유의 문을 열어줍니다.

붓다는 완전한 깨달음을 얻기 위한 자질을 계발하는 데, 즉 고통에서 벗어나는 방법을 배우는 데 수억겁을 보냈습니다. 그는 깊은 자비심에서, 두려워하고 화내고 욕심부리고 어리석고 무력하고 절망하고 병들고 나이 들어 죽어가는 모든 존재에게 그가 발견한 것을 알려주어 그들도 고통에서 벗어날 수 있게 했습니다.

그 길은 매우 길고 험난합니다. 오래되고 익숙한 마음의 습관을 고수하는 것이 훨씬 더 쉽습니다. 마음을 다스리면서 오는 변화의 불편을 직면하기보다는 차라리 이미 익숙하게 알고 있는 고통을 좋아하는 것이지요.

우리 삶은 어렵습니다. 지치고 스트레스받는 날들이 많습니다. 하지만 우리는 고통의 근원을 직시하기보다는 기분 전환과 즐거움을 갈망합니다. 결국 명상은 우선순위에서 멀어져버리지요. 괴로움을 피하기 위해 즐거움을 갈망하는 강력하고 오래된 습관을 깨는 것은 불가능해 보일 수 있습니다. 하지만 우리가 노력할 준비를 갖춘다면, 붓다는 근본적으로 변화할 완벽한 도구를 제공합니다.

다음은 고엔카 선생님이 빠릿짜-사뭅빠다를 설명한 내용입니다.

* * *

삶의 고통, 즉 병듦·늙음·죽음, 몸과 마음의 고통은 누구나 태어나면 겪는 필연적인 결과입니다. 그러나 태어나는 이유는 무엇일까요? 물론 직접적인 원인은 부모의 육체적 결합이지만, 좀 더 넓은 관점에서 보면 우주 전체가 관련된 끝없는 '되어감'의 과정 때문에 태어남이 생깁니다. 죽음의 순간에서도 그 과정은 멈추지 않습니다. 의식이 다른 물질 구조와 연결되고 계속 흘러가는 '되어감'의 과정 동안, 몸은 계속 썩고 분해됩니다.

그러면 왜 '되어감'의 과정이 생길까요? 사람이 일으키는 집착이 그 원인임을 붓다는 분명히 알았습니다. 집착으로 인해 강한 반응들, 즉 상카라들이 일어나 마음에 깊은 인상을 만들기 때문입니다. 삶이 끝날 때 이들 상카라 가운데 하나가 마음에서 일어나 의식의 흐름이 계속되도록 밀어붙입니다.

그러면 이 집착의 원인은 무엇일까요? 좋아하고 싫어하는 찰나의 반응 때문에 집착이 일어남을 붓다는 알았습니다. 좋아함은 커다란 갈망으로, 싫어함은 커다란 혐오로 이어지고, 둘 다 집착으로 바뀝니다.

왜 좋아하고 싫어하는 찰나의 반응이 일어날까요? 자신을 관찰하는 사람은 누구나 그것이 몸의 감각 때문에 일어남을 알고 있습니다. 유쾌한 감각이 일어날 때마다 그것을 좋아하고 유지하며 증가시키려고 합니다. 불쾌한 감각이 일어날 때마다 그것을 싫어하고 없애려고 합니다.

무엇이 이런 감각들을 일으킬까요? 감각기관과 특정한 감각기관의 대상이 접촉하기 때문에 감각이 일어납니다. 눈과 형색, 귀와 소리, 코와 냄새, 혀와 맛, 몸과 만질 수 있는 대상, 마음과 생각의 접촉입니다. 접촉이 있자마자 유쾌하거나 불쾌하거나 중립적인 감각이 일어나기 마련입니다.

접촉은 왜 일어날까요? 우주 전체가 감각 대상으로 가득하기 때문입니다. 여섯 감각기관, 즉 눈·귀·코·혀·몸·마음이 기능하는 한 각각의 대상과 접촉하기 마련입니다.

그러면 왜 감각기관이 있을까요? 그것은 마음과 몸의 흐름에서 분리될 수 없기 때문입니다. 감각기관은 삶이 시작되자마자 일어납니다.

그러면 왜 삶의 흐름, 마음과 물질의 흐름이 일어날까요? 그것은 순간에서 순간으로, 한 생에서 다음 생으로 가는 의식의 흐름 때문입니다.

그러면 왜 우리는 이런 의식의 흐름을 갖고 있을까요? 붓다는 그것이 상카라들, 즉 마음의 반응들 때문에 일어남을 알았습니다. 모든 반응은 의식의 흐름에 힘을 가합니다. 지속적인 반응으로 인해 주어지는 자극 때문에 흐름은 계속됩니다.

그러면 왜 반응이 일어날까요? 붓다는 무지 때문에 반응이 일어남을 알았습니다. 사람은 자기가 무엇을 하는지, 어떻게 반응하는지 몰라서 계속 상카라들을 일으킵니다. 무지가 있는 한 고통은 계속됩니다.

괴로움의 가장 깊은 원인은 무지입니다. 고통의 심연을 만드는 일련의 사건들은 무지에서 시작됩니다. 무지를 제거할 수 있다면 고통도 제거될 것입니다.

그러면 어떻게 이것을 이룰 수 있을까요? 어떻게 이 사슬을 끊을 수 있을까요? 삶의 흐름, 마음과 물질의 흐름은 이미 시작되었습니다. 자살한다고 문제가 해결되지는 않습니다. 오히려 고통을 새로 만들 뿐입니다. 자신을 죽이지 않고서는 감각기관도 파괴할 수 없습니다. 감각기관이 있는 한, 감각기관과 감각 대상 사이에 접촉이 일어나기 마련이고, 접촉이 있을 때마다 몸에서 감각이 일어납니다.

위빳사나 명상은 감각의 연결고리를 끊을 수 있습니다. 이전에는 모든 감각이 좋아하거나 싫어하는 반응을 일으키고, 이는 더 큰 갈망이나 혐오로 이어졌습니다. 하지만 이제는 감각에 반응하는 대신 '이것도 변할 것이다'라는 이해와 평정심으로 그저 관찰하기를 배웁니다. 이런 식으로 감각은 오로지 지혜, 아닛짜에 대한 이해를 일으킵니다. 우리는 고통의 바퀴를 돌리기를 멈추고 자유를 향해 나아갑니다.

새로운 상카라를 만들지 않으면, 오래된 상카라 중 하나가 마음의 표면으로 올라와서 그와 함께 몸에서 감각이 일어납니다. 다시 평정심을 유지하면, 그것은 사라지고 다른 오래된 상카라가 그 자리를 차지합니다. 몸에 일어나는 감각에 대해 계속 평정심을 유지하면 오래된 상카라들이 하나씩 잇달아 일어나 사라집니다. 무지로 인해 감각에 반응하면 상카라들이 증가되고 자신의 고통도 커지지만, 지혜를 계발하여 감각에 반응하지 않으면 하나씩 차례대로 상카라들이 제거되고 고통에서 벗어나게 되는 것입니다.

위빳사나는 고통을 제거하는 길입니다. 수행함으로써 여러분은 새로운 매듭짓기를 멈추고 오래된 매듭이 저절로 풀리는 것을 알게 될 것입니다. 차츰 여러분은 고통으로 이끄는 모든 상카라를 제거하는 단계로 나아갈 것입니다. 그 단계는 진정한 자유, 완전한 깨달음입니다.

수행을 시작하기 위해 전생, 내생을 믿어야 할 필요는 없습니다. 위빳사나 수행에서는 현재가 가장 중요합니다. 여기 현생에서 우리는 계속 상카라들을 만들고 자신을 계속 불행하게 만듭니다. 지금 여기서 이 습관을 깨뜨리고 불행에서 벗어나야 합니다. 여러분이 꾸준히 수행을 한다면, 새로운 상카라들을 만들지 않고 오래된 상카라들을 모두 제거하여, 모든 고통에서 벗어났다고 말할 수 있는 날이 분명히 올 것입니다.

●

태어남도 괴로움이고, 늙음도 괴로움이고,

아픔도 괴로움이고, 죽음도 괴로움이고,

즐겁지 않음과 가까이하는 것도 괴로움이고,

즐거움에서 멀어지는 것도 괴로움이고,

원하는 것을 얻지 못하는 것도 괴로움입니다.

요약하면 다섯 가지 정신·물질에 대한 집착이 괴로움입니다.

─《상윳따 니까야》, LVI. 11. 〈담마-짝깝빠왓따나 숫따 Dhamma-Cakkappavattana
Sutta(초전법륜경)〉

●

되어감의 과정의 소멸로 태어남이 멈추고,

태어남의 소멸로 슬픔, 비탄, 육체적·정신적 고통, 시련과 함께

늙음과 죽음이 멈춥니다.

그래서 이 괴로움 전체가 멈춥니다.

─《상윳따 니까야》, XII. 1. 〈빠띳짜-사뭅빠다 숫따 Paṭicca-samuppāda Sutta(연기
경)〉

질의응답

죽음을 앞둔 사람이 사랑하는 사람 위로하기

Q 우리가 성스러운 사람을 만날 때 보통 기분이 좋아지는 것은 멧따가 작용하기 때문인 것 같습니다. 우리가 돌아가신 분과 멧따를 나눌 때 그분의 기분이 좋아지나요? 또한 조상이나 친구 등 돌아가신 분의 이름으로 기부를 하면 그분들에게 도움이 된다는 믿음도 있는데, 이러한 믿음이 담마에 맞습니까?

A 지금 멧따가 작용한다고 말했는데, 그것은 무슨 뜻일까요? 그 말은, 순수한 마음으로 멧따를 수행하면 멧따의 진동을 일으킨다는 뜻입니다. 이 진동은 이 로까, 저 로까, 더 낮은 세계, 더 높은 세계, 어디든 갈 수 있습니다. 멧따를 보내고자 하는 존재와 이 멧따의 진동이 만날 때, 그 사람은 행복을 느낍니다. 이것은 담마의 진동·평화의 진동·조화의 진동이기 때문입니다.

여러분이 돌아가신 분의 이름으로 기부하며 "내가 한 기부의 공덕이 그 사람에게 가기를"이라고 빌었다고 해봅시다. 여러분이 기부한 것은 직접 그 사람에게 가진 않습니다. 그러나 이 사람을 돕고자 하는 의도가 멧따의 일종이니, 그 진동은 여러분의 조상이나 친구에게 흘러갈 것이며, 그들은 이 진동

56   고엔카의 위빳사나 명상2

에서 기쁨을 느낄 것입니다. 이 진동은 담마를 바탕으로 하기 때문에, 이번 생이나 다음 생에 그 사람을 담마로 데려가는 일이 생길 것입니다. 이런 방법으로 우리는 낮은 세계에 있는 사람들 또는 더 높은 세계에 있는 사람들까지도 도울 수 있습니다.

이제 무엇을 기부해야 할까요? 여러분이 가진 것 중에서 가장 좋은 것, 즉 자신의 명상을 기부해야 합니다. 그러니 명상 시간이 끝날 무렵이나 명상 코스가 끝날 때, 여러분에게 아주 소중한 사람이나 돌아가신 분을 기억하며 "내가 명상한 공덕을 당신과 나누고 싶습니다"라고 말한다면, 이것이 여러분의 멧따입니다. 명상을 했기 때문에 그 사람에게 강력한 담마의 진동이 갑니다. 여러분의 명상을 그 사람과 나누는 것이지요. 당연히 매우 도움이 됩니다.

Q 나이 들어가는 사람들이 집착 때문에 생사의 순환에서 계속 돌고 도는 것 같습니다. 제 어머니는 걱정이 끊이질 않으시고, 죽어가는 제 친구는 평생 부당한 대우를 받았다고 억울해합니다. 무슨 방법이 없을까요?

A 자연의 법칙을 계속 설명해주세요. 여러분이 걱정할수록 자신을 더 해치게 됩니다. 이런 걱정을 완화해주는 수행법이 있습니다.

확실히 말할 수는 없지만, 그들은 과거로부터 담마의 씨앗을 받았을지도 모릅니다. 여러분이 그들에게 몇 마디 건네면서 격려하면, 그들은 담마에 이끌려 고통에서 벗어나는 방법을 배울 수도 있어요.

Q 부모님이 돌아가신 경우, 어떻게 그분들께 이로움을 드릴 수 있을까요?

A 여러분이 명상을 끝낼 때마다 그분들을 기억하며 여러분의 공덕을 나누세요. "내가 쌓은 공덕을 당신과 나눕니다. 당신도 평화롭고 행복하기를!" 이 진동은 그분들이 어디에 있든 그분들에게 다다를 것입니다. 진동 자체가 그분들에게 어떤 기적을 일으키는 것은 아닙니다. 오히려 여러분의 부모님이 담마에 이끌릴 것입니다. 누가 알겠어요? 그분들이 길을 발견할 수도 있을지요. 이것이 유일한 방법입니다. 여러분의 멧따를 나누세요.

Q 죽는 순간에 가족들이 어떤 도움을 줄 수 있나요?

A 가족 중에 위빳사나 명상가가 있으면 죽어가는 사람에게는 늘 도움이 됩니다. 가족들이 참석해서 명상할 수 있고 멧따를 일으킬 수 있습니다. 모두가 평온하고 고요하면, 이는 죽어가는 사람에게 큰 힘이 되지요. 그리고 죽는 순간에 그 사람이

고요하고 평온한 마음을 유지할 수 있게 도울 것입니다.

Q 엄청난 통증으로 죽어가는 사람에게 곧잘 모르핀 같은 강력한 진통제를 투여합니다. 진통제를 투여하지 말고 명상가가 통증을 그대로 느끼면서 수행하여, 죽는 순간 마음을 정화하도록 하는 것이 더 낫습니까?

A 명상가가 그 순간 얼마나 견딜 수 있느냐에 달려 있습니다. "아, 난 이 통증을 견딜 수 없어!"라며 혐오로 반응한다면, 그 사람이 평정심으로 죽음을 맞이하기는 어려울 것입니다. 그러니 진통제를 주세요.

그러나 명상가가 사물을 있는 그대로 관찰하면서 균형 잡힌 마음으로 통증을 받아들이며 수행하기를 원한다면, 그땐 어떤 것도 강요하지 마십시오. 명상가가 죽어가는 과정에서 진통제 없이 고요히 관찰하기를 원한다면, 투약은 그 사람의 선택입니다.

저의 어머니가 죽음을 앞두셨을 때, 우리가 수면제를 드리니 좋아하지 않으셨어요. 수면제가 어머니의 눈을 무겁게 만들었지요. 수면제를 복용한 뒤에도 어머니는 잠들지 않으셨어요. 어머니는 "잠들지 않아도 무척 만족스럽다. 근데 너는 왜 내가 자기를 바라니?"라고 말씀하셨지요. 어머니에게 수면제는 그저 명상을 방해하는 것이었습니다.

당시 옆집에 사는 할머니도 암으로 죽어가고 있었어요. 그분은 통증을 견디기 힘들어했어요. 그 할머니의 방이 4층에 있었는데, 1층에서도 비명 소리가 들릴 정도였습니다. 그러니 이러한 모든 것은 환자의 태도에 달려 있습니다.

Q 죽어가는 분이 명상가라면 우리가 어떻게 도울 수 있나요?

A 같이 명상하십시오. 멧따를 보내세요. 챈팅chanting을 들려주십시오. 그 사람은 명상가이므로 이런 일들은 쉽게 할 수 있습니다.

여러분은 그분에게 호흡 알아차림 혹은 감각 알아차림 수행을 권할 수 있습니다. 이처럼 부드럽게 아닛짜를 계속 알아차릴 수 있게 도와주세요. 그분이 명상가이기 때문에 잘 받아들일 것입니다. 더불어 명상도 안내해주세요. 한 사람은 안내하고, 다른 사람들은 앉아 명상하십시오. 조용한 챈팅을 들으십시오. 너무 크게 틀지는 마세요. 경험 있는 명상가라도 큰 소리는 너무 강렬할 수도 있어요. 〈까라니야-멧따 숫따Karaṇīya-mettā Sutta(자애경)〉와 〈망갈라 숫따Maṅgala Sutta(행복경)〉가 도움이 될 것입니다.

그렇지 않다면 매우 조용해야 합니다. 가족들이 명상가가 아닐지라도 명상이 무엇인지는 알 것입니다. 가족들은 위빳사나 명상가가 죽어가고 있음을 알 것이며, 슬프거나 괴로운 분위기를 만들어서 죽어가는 분이 슬퍼하지 않도록 자제해야 합니다. 매우 조심해야 합니다.

Q 죽어가는 분이 명상가가 아니고 과거에도 담마에 전혀 관심이 없었는데, 우리가 담마에 관해 조언해도 되나요?

A 안 됩니다. 그분이 담마에 대한 믿음이 없는 상태에서 여러분이 조언을 하면 부정성을 일으킬 수 있습니다. '이 사람들이 뭘 얘기하는 거야?'라는 식의 생각은 오히려 해롭습니다. 그렇기 때문에 코스 중에도 누가 요청하지 않으면, 우리는 담마를 줄 수 없습니다. 담마는 받아들일 수 있는 사람에게만 줘야 합니다. 그 사람이 담마를 받아들이지 못한다면, 우리가 강요하는 것이 되어버립니다. 죽어가는 순간에 여러분이 뭔가를 강요하면 그 사람의 마음에서 부정성이 일어납니다. 그것은 그 사람을 해치는 것이 되지요. 그러나 여러분이 느끼기에 그 사람이 담마에 대해 긍정적이고 여러분이 하는 말에 감사한다면, 그때는 담마에 관해 몇 마디 해도 됩니다.

Q 죽어가는 친구나 친척을 위빳사나 명상가가 도울 수 있나요?

A 죽어가는 사람이 위빳사나 명상가라면, 다른 명상가들은 그와 가까운 곳에 앉아 위빳사나를 수행할 수 있습니다. 이것은 그의 주변에 순수함, 사랑, 연민의 진동을 채우는 데 도움을 줄

니다. 이것은 그 사람이 죽는 순간에 마음의 순수함을 유지하도록 돕지요. 저는 이러한 걸 여러 번 목격했습니다. 죽어가는 사람이 위빳사나 명상가가 아니더라도, 명상은 여전히 그 사람의 주변 분위기를 정화하는 데 도움이 됩니다. 하지만 분명한 것은 명상가만큼 효과적이지는 않습니다.

결과 없는 원인이 없고, 원인 없는 결과도 없습니다.
깜마의 법칙은 최고이자 필연입니다.
지금 여러분이 지닌 것은 과거 여러분이 했던 일의 결과입니다.
깜마의 힘을 영원히 제거하고 닙바나에 들 때까지,
이런저런 문제가 있기 마련입니다.
아닛짜의 힘을 이용하여 이를 견뎌내야 합니다.
단언컨대, 아닛짜는 모든 역경과 난관을 이겨내는 데
큰 도움이 될 것입니다.
방해가 되는 가시는 피할 수 없습니다.
부지런히 아닛짜의 힘을 활용하세요.
그러면 평화가 당신과 함께할 것입니다.

— 사야지 우 바 킨

THE ART OF DYING

chapter 4

지금 이 순간뿐

순간순간마다
삶은 자꾸 흘러갑니다.
매 순간을 활용하세요.
지나간 순간은 다시 오지 않을 것입니다.

수전 바비트 Susan Babbitt는 1990년부터 캐나다 온타리오 킹스톤에 있는 퀸 대학의 교수였습니다. 2004년 처음으로 위빳사나 코스를 접한 뒤에 10일 코스와 20일 코스를 마쳤습니다. 첫 번째 인터뷰는 2006년에, 두 번째는 2007년에 진행했습니다. 수전은 퀸대학에서 계속 강의하며 날마다 명상하고 있습니다.

Q   어떻게 위빳사나를 접하게 되었으며, 첫 코스는 어땠나요?

수전   2003년 8월, 제 몸에 악성 종양이 있다고 진단받았습니다. 그때까지 나는 병에 걸리거나 그로 인해 약을 먹은 적이 없었어요. 독감조차 걸린 적이 없었으니까요. 그런데 갑자기 나는 중환자가 되어 있었지요. 이 고통을 헤쳐나가기 위한 방도를 물색했습니다. 초기에는 '심상 치료guided imagery'를 제안받았어요. 그것은 긍정적인 이미지와 생각을 떠올려 앞으로 일어날 일에 대한 공포에서 벗어나는 방법으로, 나는 몇 달간 시도해보았습니다.

그때 내 친구 모린도 암을 앓고 있었는데, 치료를 받고 차츰 좋아지나 싶더니 갑자기 세상을 떠났습니다. 그때 불현듯 이런 깨달음이 찾아왔습니다. 내가 존재하느냐 존재하지 않느냐의 문제가 궁극적으로 내 통제 밖에 있다는 사실을 받아들일 때, 암과 함께 살아갈 수 있다고요. 사람들이 내게 말했지요. "모린과 같은 일이 너한테 일어나지는 않을 거야. 네 경우는 다르다고." 하지만 나는 모린과 내가 다르지 않음을 이해하고 있었습니다. 모린에게 일어난 일이 내게도 일어날 수 있음을 안 것이죠. '긍정적인 사고'의 접근 방식은 우리가 어느 정도 통제력이 있다고 믿게 합니다. 물론 우리에겐 어느 정도 통제력이 있지만, 죽음은 통제할 수 없지요.

분명한 것은, 내게 무슨 일이 일어나고 있는지 직시해야 했고, 정말로 죽을 수 있음을 받아들여야 했습니다. 나는 최악의 상황을 예상하고 그 사실과 함께 살아야겠다고 결심했습니다. 어떤 일이든 내게 일어날 수 있다는 알아차림과 함께 내 삶을 사는 것이지요. 실제로 이것이 최선의 일처럼 보였습니다. 그때 나는 명상이나 위빳사나에 대해 전혀 몰랐습니다. 암 환자가 명상을 배우면 좋다고 하는 글을 암 관련 책이나 이런저런 데서 읽었습니다. 하지만 어떻게 명상하는지도 몰랐고, 몇 번 시도를 해봤지만 실패하고 말았지요.

모린이 죽은 지 얼마 안 되어, 의사는 화학요법을 권했습니다. 방사선 치료는 견딜 만했는데, 화학요법에 관한 건 전부 끔찍했어요. 그 고통스러운 치료를 3월부터 8월까지 5개월간, 즉 2004년 봄 여름 내내 해야 한다고 생각하니 눈 앞이 캄캄했지요. 화가 났고 억울했습니다. '5개월을 어떻게 견디나?'라는 생각뿐이었죠.

화내고 억울해하면서 몇 달을 지내고 싶지 않아 킹스톤 지역의 암 센터에서 근무하는 사회복지사를 찾아가서 물었습니다.

"도움을 받을 수 있을까요?"

그분이 내게 불교에 관한 책을 주더군요. 자비와 연민에 관한 책이었는데, 4장까지 읽은 뒤 돌려주며 이렇게 물었습니다.

"5개월간 화학요법을 견디는 데 이게 실제로 도움이 될까요?"

현실적인 안내가 없어 짜증이 났습니다. 그러나 나는 명상에 대해 줄곧 생각했어요. 언젠가 들어본 적이 있던 위빳사나 코스가 떠올랐습니다.

'좋아, 명상하는 법을 배우려면 끝까지 해봐야지. 명상을 실제로 해야 배울 수 있지.'

신청서를 제출했습니다. 명상 코스라는 것 외에는 아무것도 몰랐습니다. 나는 첫 번째 화학치료를 시작하고 나서 며칠이 지난 2004년 3월 24일부터 4월 4일까지 10일간 코스에 참가했습니다.

코스는 엄청 힘들었습니다. 처음 3일 동안은 내가 여기서 뭘 하고 있는 건지 회의가 들었습니다. 4일째가 되었을 때 흥미가 좀 생기기 시작했어요. 모린이 죽었을 때, 나는 사물을 있는 그대로 볼 수 있기를 원했고, 죽음이 무엇인지 살펴보고 죽음에 직면하여 내 삶을 살고 싶었습니다. 현재 상황을 더 좋게 보이려고 노력하고 싶지 않았고, 좋은 소식을 간절하게 기대하고 나쁜 소식을 두려워하고 싶지도 않았어요. 나쁜 소식을 듣는 사람과 나 자신을 항상 분리하면서는 내 삶을 살 수 없다고 생각했습니다.

적어도 내가 앓고 있던 암과 더불어 예전 생활로 돌아갈 수는 없습니다. 몇 개월마다 CT 촬영을 해야 하고, 갈 때마다 나쁜 소식을 들을 수 있었기 때문이지요. 두려움에 내 삶을 뺏기고 싶지 않았습니다. 또한 진짜 죽을 수 있다는 가능성을 받아들이지 않으면, 두려움은 언제나 내 위에서 도사리고 있다가 내가 원하는 대로 일이 진행되지 않을 때마다 아래로 내려와서 나를 약하게 만들 것임을 알고 있었지요. 실상을 마주하고 그것이 무엇인지 받아들이고 그것과 함께 살아가고 싶었습니다.

위빳사나는 내가 원하는 대로가 아니라 실상을 있는 그대로 보는 수행이라는 것을 알고 놀랐습니다. 위빳사나는 몸과 마음의 경험 전체를 체계적으로 매 시간 관찰하는 수행입니다. 그렇게 함으로써 나라는 존재의 진정한 속성은 결국 무상하다는 것을 차츰 경험으로 이해합니다. 많은 사람이 질병과 죽음에 관해 뭔가 바꿔보려고 시도하는데, 위빳사나에는 나쁜 것을 좋은 것으로 바꾸는 것은 없습니다. 그저 사물을 있는 그대로 봅니다. 온 우주의 방식이 그러하듯, 끊임없이 변화하는 것을 봅니다. 그렇게 알아차릴 때에는 경험으로 알아야 합니다. 다시 말해, 느낀 것을 알아차려야 한다는 뜻이지요. 좋은 것이나 나쁜 것을 자신과 동일시하여 간절한 기대나 절망적인 두려움으로 나약해지는 것은 어리석은 일입니다.

내가 겪고 있는 암을 최악으로 보고, 최악의 상황과 더불어 사는 것을 인정하지 않는 한, 죽음과 질병의 두려움에서 자유로울 수 없음을 직관적으로 알았습니다. 그저 참는 게 아니라 나라는 존재가 갖고 있는 위태로운 성질을 완전히 알아차리고, 그러한 실상에 직면하여 살며, 항상 변화하는 성질이 주는 아름다움까지도 보아야 한다는 것입니다.

붓다는 종교가 아니라 마음을 훈련하는 실용적인 수행법을 가르쳤다고 위빳사나 코스에서 배웠습니다. 또한 삶은 어떠해야 한다고 생각하게 만드는 압도적인 기대에서 벗어나는 자유를 일궈 나가야 한다고도 배웠습니다. 그 기대가 어긋나면 우리는 대개 불행하다고 느끼게 되기 때문이지요.

처음에 나는 암 때문에 화가 나 있었어요. 암이 나한테 생겨서는 안 된다고 생각했기 때문이었지요. 하지만 암은 이미 생겼고, 나의 힘으로 암을 없앨 수 없다는 걸 깨달았어요. 또한 내 삶은 어떠해야 한다는 근거 없는 기대에서 벗어나, 눈을 크게 뜨고 앞으로 나아가야 한다는 것도 알았습니다. 자신의 몸이라는 존재의 실상에 마음을 집중하고 그 성질을 알아차리는 수행은 아주 간단했고, 내가 화학요법을 거쳐가는 데 필요했던 도구 그 이상이었습니다.

위빳사나 수행이 정말 매력적이었던 점은 보이지 않는 존재나 힘을 믿을 필요도 없고, 나 자신 외에 누구 또는 뭔가에 의지하지 않아도 된다는 것이었죠. 상징도 없고 특별한 옷, 의식이나 의례도 없습니다. 위빳사나는 그저 마음을 훈련시키는 실용적인 도구일 뿐입니다. 내가 마음을 다스리지 못했을 때, 어딘가에서 옛일을 되새기거나 매번 오래된 문제와 두려움 주위를 쓸데없이 돌고 돌면서 내 삶에서 얼마나 많은 시간을 낭비했는지 이젠 잘 알아차리고 있습니다. 위빳사나는 마음을 다스리도록 가르침으로써 우리가 상상이나 억울함 속으로 계속 달려가는 대신, 있는 그대로인 이 세상에서 온전히 살아 있게 합니다.

이처럼 위빳사나는 끔찍한 화학요법 과정과 그 결과를 견뎌나가는 데 도움이 되었습니다. 화학요법을 좋게 보려고 노력하지 않아도 되었습니다. 오히려 화학요법은 다시는 겪고 싶지 않은 경험이라는 것을 알아차릴 수 있었죠. 나아가 그 경험을 어느 정도 객관적으로 보고 "이것이 지금 일어나는 일이야"라고 말할 수도 있었습니다. 나는 이 경험이 이 순간에 일어나는 나의 실상임을 있는 그대로 받아들였고, 그때부터 후회나 실망 없이 다시 시작할 수 있었습니다.

항암 치료를 마치고 2004년이 끝날 무렵, 나는 두 번째 위빳사나 코스에 참가했습니다. 그 당시에는 암을 상대하고 있지는 않았지만, 대처해야 할 다른 일들이 있었습니다. 두 번째 코스는 내가 왜 이것을 하고 있는지 이해하는 것을 제외하고는 첫 코스보다 더 힘들었습니다. 통증이 심했지만, 선생님에게 말할 필요는 느끼지 못했어요. 내가 무엇을 해야 하는지 그리고 선생님이 뭐라고 말씀하실지 알고 있었기 때문입니다. 나는 그저 통증을 반복해서 관찰하며 평정심을 지켰습니다.

코스가 끝날 때 선생님은 나를 불러 이렇게 말씀하셨죠.

"당신은 끝까지 앉아서 수행했고 알아차리며 받아들였습니다. 당신이 할 수 있는 일은 그게 다입니다. 당신이 할 일은 불쾌한 경험도 알아차리는 것입니다."

그 코스는 소중했습니다. 내가 암 말고도 많은 일에 대처해야 함을 깨달았기 때문입니다. 암은 내 삶에서 일어나는 한 가지일 뿐이며, 부정성을 일으키는 가장 중요한 원천이 아닐지도 모릅니다. 그래서 나는 자극을 받아 수행을 계속하기로 했습니다.

Q   두 번째 코스가 끝난 후 무슨 일이 있었나요?

수전   2005년 여름, 내 삶은 정상으로 돌아왔습니다. 다리에 다시 힘이 생겼고 직장에 복귀할 수 있었지요. 하지만 안식 기간을 준비하고 있던 9월, 다리가 점점 뻣뻣해지더군요. 10월 1일,

3개월의 안식 기간이 시작되던 그날, 나는 다리에 생긴 다른 혹을 발견했습니다. 그때 나는 암이 재발했음을 짐작했습니다. 암이 재발했음을 알고 나서 한 달 동안 정말 힘들었어요. 하지만 그때까지만 하더라도 암이 다른 곳으로 전이되었는지는 몰랐습니다. 게다가 의사들이 암이 재발되었다고 확진하기 전이었기 때문에 사람들에게 말할 수도 없었습니다. 암이 전이되었는지 확인하는 CT 촬영에 들어가려면 10월 말이나 되어야 했어요.

그 4주 동안은 지옥이었습니다. 암이 재발했음을 알아차렸지만, 그 범위는 알지 못했어요. 그 모든 과정을 다시 거쳐야 했지요. 일은 다시 중단되었고, 이번에는 다리를 잃을 거라는 확신이 들더군요. 이러한 생각이 들 때 당신은 어떻게 하겠습니까? 당신이 가진 전부는 당신의 마음이고 그 안에 두려움이 돌고 돕니다. 마음에서 달아나기 위해 당신은 어디로 가겠습니까? 내가 명상을 배우지 않았다면 제정신이 아니었을지도 모릅니다. 쉽게 깊은 절망에 빠질 수 있는 상황이었기 때문에, 아무도 그런 나를 비난하지 않았을 것입니다.

하지만 나는 나를 약하게 만드는 들끓는 감정 가운데 앉아서 마음을 집중하여 참을성 있게 감각을 관찰하면서 대부분의 밤을 보냈습니다. 결국 두려움은 옅어졌습니다. 어둠을 똑바로 보는 것처럼, 나는 공포, 슬픔과 공존할 수 있었고, 결국 적어도 지금은 이런 방식으로 있어야 한다는 것을 깨닫고 일종의 평화를 느꼈습니다. 그달은 그렇게 지냈습니다. 나는 어머니의 아일랜드 여행 준비를 도왔고, 해야 할 다른 일들도 거의 평소처럼 했습니다.

나는 죽음의 가능성에 대해 생각하는 방법을 찾았습니다. 어떤 분이 내게 베트남 스님이 쓴 책을 주었는데, 삶과 죽음에 대한 스님의 생각, 즉 우리는 바다의 물결 같다는 말이 와닿았어요. 물결은 일어났다 사라지지만, 바다는 그대로 남아 있습니다. 모든 사람은 물결처럼 살 권리가 있지만, 물처럼 살 필요도 있습니다. 삶은 사라지지 않습니다. 끊임없이 움직이는 바다의 물처럼 형태가 변할 뿐입니다. 페르시아의 신비주의 시인인 루미Rūmī, 1207~1273가 쓴 받아들임에 대한 아름다운 글도 읽었습니다. 하지만 10월 말이 되자, 이 모든 좋은 생각은 CT 촬영에 대해 내가 느끼는 공포를 덜어주는 데 일말의 위안도 되지 못했습니다.

그날 진찰받을 준비를 하며 나는 위빳사나 수행으로 돌아갔습니다. 그것은 내 온몸의 모든 감각이 일어나고 사라지는 것을 알아차리는 단순한 경험이었습니다. 위빳사나에서는 감각을 관찰함으로써 모든 존재가 지니는 참된 성질, 즉 역동적이고 일시적인 그 성질을 경험합니다. 이와 같은 자신의 실상을 경험한다면 어떻게 두려울 수 있을까요? 끊임없이 펼쳐지는 더 커다란 자연 현상의 일부로서 자신을 인식할 때, 불확실성은 그다지 위협적이거나 무섭지 않습니다. 이제는 받아들여지고 낯설지 않기에 겪어 나가기 수월해집니다. 병원에 도착했을 때 나는 차분했고, 검사를 기다리는 동안 한 학생과 학위 논문에 대해 얘기도 나누었지요.

지성으로 하는 이해와 경험으로 하는 이해의 차이를 그전에는 그다지 생각해본 적 없습니다. 나는 나쁜 소식을 들을 준비를 하려고 다른 생각들을 찾았습니다. 내가 모은 유용한 발상들은 모두 지성으로는 이해했지만, 결국 두려움을 덜어주지는 않았습니다. 지성으로서 하는 이해는 결국 진정한 이해가 아니었지요. 마침내 나는 감각을 알아차림으로써 삶과 죽음에 대한 진리를 느껴야 했습니다. 지적인 진리가 아닌 경험으로 알아차리는 것은 내가 그날을 헤쳐나가는 데 큰 도움을 주었습니다.

Q　　**그러한 깨달음이 당신의 수행에 좀 더 확신을 주었나요?**

수전　　예, 그렇습니다. 내가 한 실수는 죽음을 이론으로 이해하려 했다는 것인데, 그러한 이론만으로는 죽음을 직면하는 데 도움을 주지는 않았습니다. 우리는 모두 머리로는 언제든 죽을 수 있다고 알지만, 이 진리가 실제로 내게 적용된다고는 믿지 않습니다. 진리는 추상적입니다. 우리는 진리를 믿지만, 이것을 느끼지는 않습니다. 그러기에 그것은 우리가 삶을 살아가는 방식에서 아무런 역할도 하지 않지요. 명상은 순간순간마다, 시간에 시간을 이어, 존재의 불확실한 성질을 경험하게 합니다. 그리고 그러한 경험을 겪으면서 죽음은 추상적일 수 없음을 알게 됩니다. 그 실상은 알아차리는 매 순간 속에 있기 때문입니다.

나는 토론토의 프린세스 마거릿 병원에서 방사선 치료를 받았습니다. 병원 근처의 숙소에서 5주를 머물면서 하루에 두 번 아주 고통스러운 방사선 치료를 받았지요. 이 기간 동안에는 마음의 균형도 느낄 수 없었습니다. 엄청난 통증이 느껴졌고 집을 나와 있는 게 싫었지요. 나는 몸에서 나쁜 걸 느꼈고 희망을 잃고 있었습니다. 몸으로 끔찍함을 느끼면 희망을 잃기 쉽습니다.

그 당시 나는 별로 마음이 평화롭지 않았는데, 위빳사나 선생님 중 한 분이 하신 말씀이 기억났어요. "마음의 균형을 유지할 수 없다면, 그저 마음의 평화가 없음을 알아차리세요. 그러면 계속 나아갈 거예요." 이것은 붓다의 가르침 중에서 강력한 것입니다. 바로 성공한다는 것이 아닙니다. 일이 잘못되어갈 때, 실상을 있는 그대로 보려고 하면, 그래서 궁극적으로 무상한 그 속성을 알아차리면, 거기서 다시 시작할 수 있습니다.

종양을 제거하는 수술은 13시간이 걸렸고, 회복은 더뎠습니다. 마침내 나는 집에 가서 물리치료를 시작했어요. 그때가 2006년 4월이었습니다. 결국 암은 사라졌고, 봄이 왔으며, 다시 움직일 수 있었습니다. 하지만 내가 병원을 떠난 지 일주일 만에 내 폐에 암이 생겼다는 얘기를 들었어요. 충격적인 소식이었지요. 의료진들은 내가 앞으로 5년 더 살 확률이 20%밖에 안 된다고 하더군요. 그 말도 듣기 힘들었습니다.

그 후 사나흘 동안 괴로웠어요. 2005년 10월처럼 두려움과 실망을 마주하고 기다려야 한다는 것을 깨달았습니다. 이런 상황이 되자 주위 사람들이 위로하고 도와주려 했지만, 결국 남는 것은 당사자인 내 마음의 몫이었습니다. 불확실함과 괴로움뿐이었죠. 하지만 나는 다시 이것에 대처할 도구, 즉 내 마음과 공포에 사로잡힘에 대응할 도구가 있다는 것에 감사했습니다. 나는 몇 시간 동안 앉아 명상을 하곤 했는데, 마침내 마음의 평화를 얻었습니다. 나는 죽음의 가능성에 대해 아무렇지 않게 말할 수 있었고, 놀랍게도 죽음에 대해 농담도 할 수 있었어요.

상황을 받아들이자 죽는다는 생각이 어려웠던 이유를 알았습니다. 늘 기대했던 83살의 평균 수명이 아닌 53살에 죽는다는 사실이 아니라, 내가 죽는다는 그 자체였죠. 이른 죽음이 아니라 죽음 자체가 힘들었습니다. 죽음이 결코 나한테 일어나지 않을 줄 알았던 것입니다. 이른 죽음이나 암으로 인한 죽음 때문이 아니었지요.

죽음을 받아들이려고 시도하면서 내가 의지했던 것 중 하나는 알버트 아인슈타인Albert Einstein, 1879~1955의 말입니다.

"우리는 자신이 별개의 개인이라는 생각에 집착하기 때문에 죽음을 두려워합니다. 하지만 그 자체로 복잡하고 신비로우며 아름답게 펼쳐지는 우주의 일부로서 자신을 볼 수 있다면, 그렇게 두려워하지 않을 것입니다. 명상을 통해 나는 이것을 경험했고, 내가 펼쳐지는 우주의 한 부분임을 이해했습니다. 우주는 그 자체

고엔카의 위빳사나 명상2

로 신비롭고 아름답습니다. 우리가 명상에서 하는 것은 몸의 모든 감각이 일어나고 사라지는 무상함을 시간마다 경험하는 것입니다. 나의 실상은, 나의 몸과 마음은 무상하며, 우주와 마찬가지로 순간에서 순간으로 변합니다. 내가 속한 모든 것도 순간순간 끊임없이 변하며, 변하기 때문에 아름답습니다."

또 아인슈타인은 삶의 마지막 순간에 이렇게 말했습니다.

"죽음은 우아하게, 즉 두려움 없이 접근해야 합니다. 우리는 죽음으로부터 도망갈 수 없습니다. 그것이 우리라는 존재의 성질이며, 우리 각자는 신비롭게 펼쳐지는 우주의 중요한 일부입니다."

명상을 통해 나 자신이 신비롭고 복잡하게 펼쳐지는 우주의 일부임을 경험할 수 있었습니다. 몸과 마음 구조가 변하고 있음을 계속 알아차린다면, 죽음이 그다지 어렵지 않을 거라고 생각합니다. 그러기 위해선 훈련이 필요합니다. 20세기 미국 로마 가톨릭 교회의 수도사이자 작가인 토머스 머튼Thomas Merton, 1915~1968이 말했습니다.

"침묵 속에 죽음을 이기는 승리가 있다."

여기서 침묵은 마음의 고요를 뜻합니다. 침묵 속에 죽음을 이기는 승리가 있습니다. 당신의 마음이 고요할 때 당신이라는 존재의 성질을 이해할 수 있기 때문이죠. 그러할 때 두려움은 지배력을 잃습니다.

Q　당신은 앞으로 얼마나 오래 살지 모릅니다. 철학자로서 다시 가르치고픈 목표가 있나요? 당신이 겪은 경험으로 인해 학생들에게 가르치는 방식이 변했나요?

수전　캐나다와 미국의 대학들에서 가르치는 전통적인 철학은 경험으로 하는 이해를 중요하게 여기지 않습니다. 그에 대해 얘기하는 철학자들이 없는 것은 아니지만, 대부분의 대학에서는 사람들에게 주로 개념을 분석하고, 개념 간의 차이를 드러내며, 그 용어를 명확히 정의하고 주장하고 반박하도록 가르쳐왔기 때문이죠. 서양 철학의 전통에서 경험으로 이해하는 개념이 있다고 하더라도 중요하게 다뤄지지 않습니다. 나는 내가 맡은 두 강의를 활용해서 경험으로 하는 이해의 중요성을 학생들이 접하게 하고 싶습니다.

토마스 머튼은 우리가 가진 자유에서 가장 큰 시험은 죽음이라고 말했습니다. 누구나 언젠가 죽지만, 우리는 죽음을 삶의 선택으로 만들 수 있습니다. 나는 내 죽음이 온전히 받아들여지지 않더라도 그것에서 여전히 자유로울 수 있습니다. 나는 그 불행을 자유롭게 볼 수 있고, 그것을 받아들일 수 있으며, 그에 대해 편안할 수 있습니다.

나는 날마다 나를 응시하는 죽음과 함께 살아가려고 하고 있습니다. 내 삶이 곧 끝날지도 모른다는 현실에 깨어났고, 내 존재의 성질을 알아차릴 수 있다면 이렇게 살 수도 있음을 깨달았습니다. 머리로만 이해하지 않고 경험으로 이해한다면, 느껴지는 진리에 의지한다면, 두려움으로부터 벗어나 자유롭게 살 수 있습니다.

나는 학생들에게 자유에 대해, 자유가 무엇을 필요로 하는지 생각해보라고 하고 싶습니다. 그들이 살아온 여정에서 지혜도 찾아야 한다고 말하고 싶어요. 철학은 지혜에 대한 사랑입니다. 철학이란 단어의 의미가 그렇습니다. 그런데 지혜는 경험을 통해 얻어지지요.

유감스럽게도 우리가 가르치는 것은 철학도, 지혜에 대한 것도 아닙니다. 우리는 사람들에게 삶을 살고 삶의 진리를 경험하도록 가르치지 않았지요. 오히려 사람들이 사는 것을 보고, 그들이 누구이며 무엇을 했는지에 대한 이야기, 지성적이고 논리적으로 일관된 이야기를 배우는 데 만족하도록 가르쳐왔지요. 죽음과 자유가 무엇인지 이해하는 데 우리가 지니고 있던 지적인 자원들이 왜 종종 무용지물이 되고 마는지 학생들에게 묻고 싶습니다.

2007년에 두 번째 인터뷰가 이뤄졌습니다.

Q   2006년 늦봄에 마지막으로 얘기를 나누었지요. 당신은 그해 더 많은 수술을 했고 2007년에도 재수술을 했습니다. 어떻게 그 과정을 겪고 다시 가르치게 되었나요? 그 후에는 어떻게 되었나요?
수전   2006년 4월 암이 전이되었고 예후가 좋지 않았지만, 의사들은 불치병이라고 진단하지 않았습니다. 비상피성 악성 종양의 경우, 수술로 전이를 공격적으로 치료하면 생존하는 사람들도 있습니다. 하지만 내 경우는 가능성이 희박하다고 했지요. 2006년 5월에 첫 번째 폐 수술을 해서 악성 종양을 7개 제거했습니다. 그 후 바로 6월에 더 많은 뿌리혹이 검사에서 나타났습니다. 그땐 의사들이 수술을 다시 권하지 않아서, 가을에 학교로 돌아갔지요.

나는 내 몸 안에 암이 있다는 사실을 잘 인식하고 있었지만, 다시 교단에 서게 되어 기뻤습니다. 내 삶이 곧 끝나리라는 사실을 알면서도 왜 다시 교단에 서려고 하는지 친구와 동료들도 묻더군요. 사실 2006년 여름에는 줄어든 내 여생을 뭔가 특별한 것을 하면서, 즉 새로운 곳으로 여행을 간다거나 중요한 책을 쓰면서 보내야겠다고 생각했었어요. 하지만 돌이켜보니, 잘못된 생각이었죠. 물론 계속 살았더라면 할 수도 있었던 일, 성취할 수도 있었던 일로 내 삶을 소비하는 것은 괜찮았습니다. 다만 내가 곧 죽는다는 생각에 사로잡혀 삶 그 자체, 삶의 순간순간의 경험을 누리지 못하는 것이 못내 아쉬웠습니다.

아프기 전 나는 살아갈 날이 단 한 달만 남아 있다면 무엇을 할지 생각해본 적이 있어요. 정작 그 상황에 닥치니 그러한 생각은 사라졌습니다. 내가 하고 싶은 것은 오로지, 내가 늘 해왔던 평범한 일상을 사는 것이었습니다. 위빳사나를 수행했기 때문에 이런 결론을 내렸다고는 말할 순 없어요. 명상을 하지 않는 다른 암 환자들도 비슷한 생각을 한다는 것을 알기 때문이죠.

하지만 내 경우에는 위빳사나를 수행한 결과라고 생각합니다. 이 진리는 받아들이기 쉽고, 남은 내 삶에 적용하기 쉽기 때문입니다. 위빳사나 덕분에 죽음에 대해 슬픔의 감정이 더 이상 들지 않았다는 것은 확실합니다. 일반적으로 죽음은 극적인 것으로 여겨지며, 죽음을 앞둔 사람은 그 의미를 강조하기 위해 뭔가 중요한 일이나 말을 하고 싶어 합니다. 그렇지만 내가 원하는 것은 삶의 지극히 평범한 측면들을 그저 조용히 알아차리는 것입니다. 특별한 재미나 흥분도 필요 없고, 극적이거나 감성에 젖을 필요도 없습니다. 죽음이 가까워오면 평범한 것이 오히려 더 기적입니다. 이것은 위빳사나 수행을 통해 내가 이미 경험한 진리입니다.

이러한 이유로 내가 교단에 섰을 때, 어떤 면에서는 이전보다 가르치는 일이 더 쉽다는 것을 깨달았습니다. 내가 해야 할 일, 언제나 해왔던 일, 내가 믿어왔던 일을 하고 있었지만, 그 일의 중요성은 생각하지 않았습니다. 그 일이 중요하지 않았다는 말이 아닙니다. 내가 했던 일과 가르쳤던 것은 언제나 그랬듯이 중요하고 의미가 있었지만, 그것이 내 삶에서 대단하지 않았습니다. 그동안 나는 내 삶을 주시하지 않고 살아왔는데, 이젠 내가 어떻게 살아왔는지 그리고 왜 사는지 고민하게 되면서 나타난 결과였습니다. 어쨌든 학생들과 관계가 훨씬 더 수월해졌고 더 직접적으로 변화되었습니다.

가을 학기를 마치고 2006년 말 겨울에 재수술을 했습니다. 수술 과정에서 뭔가가 잘못되어 만성 통증이 생겼고 움직이기 어려워졌습니다. 하지만 가을에 나는 다시 가르치려고 돌아갔어요. 가을 학기를 끝낼 수 있을지 궁금했지요.

그러다가 올해 10월 중순, 의사로부터 모든 것이 괜찮아졌다고 들은 직후, 방사선 전문의에게 내 심장 가까이에 커다란 종양이 생겼다는 소식을 듣게 되었어요. 이전에 했던 두 차례의 검사에서는 종양을 발견하지 못했습니다. 몇 주 후 의사는, 종양을 수술로 치료할 수는 없지만 화학치료는 해볼 수 있다고 했어요. 그러나 일시적인 처방이고, 증세를 늦춰 살 수 있는 시간을 늘리는 것뿐이라고 했습니다.

Q   의사가 일시적인 치료만 할 수 있다고 했을 때, 그때 어떤 기분이 들었나요?

수전   11월 5일 밤 의사와 통화를 했어요. 의사는 화학요법이 듣지 않으면 내가 3개월에서 6개월 정도 더 살 수 있을 거라 했었죠. 사실 화학요법이 성공할 가능성은 거의 없었습니다. 그런데 놀랍게도 나는 그와 아주 차분하게 얘기를 나누었지요. 나는 할 수 있는 한 많은 정보를 얻으려 했고, 8월에 방사선 전문의가 종양을 못 본 사실에 대해서도 문제제기를 했으며, 그가 내 다리를 치료해준 것에 대해서도 감사를 전했어요.

의사와 통화를 끝낸 뒤 나는 어머니에게 전화를 걸어 이 소식을 전했습니다. 그런 다음 컴컴한 거실에서 몇 시간 동안 앉아서 조용하게 그리고 냉철하게 두려움, 절망, 슬픔, 불안의 느낌들을 응시했습니다. 나는 좀 더 살기를 바랐지만, 이제는 그렇지 못할 거라 생각했어요. 벌써 종양이 식도를 압박하는 게 느껴졌지요. 나는 죽음의 과정에 대해 그리고 죽음을 준비하기 위해 무엇을 해야 하는지에 대해 상당한 불안을 경험했습니다. 나는 그저 이 느낌들을 지켜보기로 했고, 아주 오랜 시간이 흐르자 편안함이 찾아왔습니다. 이 순간 내가 보는 것과 받아들이는 것이 그저 우리 인간 실상의 본질임을 알았습니다. 철저한 불안과 외로움 속에서 현재의 순간 외에는 붙잡을 것이 없다는 사실에 위로를 느꼈습니다. 그날 밤 나는 자유와 평화를 느꼈습니다. 그리고 그때 나는 진정으로 내 삶의 중심에 있고 내 존재의 불확실한 실상에 완벽히 접촉한 느낌을 받았습니다.

나는 오랜 시간 명상을 하며 내 몸에서 일어나고 있는 감각을 알아차렸고, 우주의 모든 것은 끊임없이 변화하고 죽고 다시 태어남을 이해했습니다. 그 때문에 내가 석 달 안에 죽을 수도 있다는 사실은 전혀 중요하지 않아 보였습니다. 물론 때로는 충격적이고 힘들었습니다. 그러나 적어도 조금은, 나와 모든 이에게는 현재만 있다는 생각에 익숙해졌습니다.

2006년에는 3개월 정도 사는 동안 학생들에게 중요한 말을 하거나 특별한 일을 해야 한다고 생각했었어요. 하지만 내가 학생들에게 줄 수 있는 최고의 것은 하나의 본보기가 되는 것이라는 생각이 들었죠. 내가 죽으면 학생들은 몇 달 후에 내가 어떻게 살았는지 알게 될 것이고, 나는 학생들에게 죽음이라는 실상과 함께 평범하게 살 수 있음을 보여줄 수 있을 것입니다.

우리의 삶을 두려움에 빼앗기지 않으려면, 모두 그렇게 해야 합니다. 나는 학생들에게 또는 그 누구에게도 그저 말만 하고 싶지는 않았어요. 말은 죽음의 공포에 직면하는 데도, 죽음과 함께 평화롭게 사는 데도 도움이 되지 않기 때문이죠. 사물을 있는 그대로 차분하고 고요하게 지켜보는 위빳사나 수행만이, 매우 가깝게 다가온 죽음과 함께 살아가도록 도와주었습니다. 그래서 나는 학생들이나 동료들에게 내 상황을 말하지 않았습니다. 얘기를 했더라면 예전처럼 일상을 계속 평범하게 영위할 수 없었을 것입니다. 내가 가장 원했던 것은 평범하게 사는 것이었죠.

심각하다는 소식을 들은 뒤에도 삶은 크게 달라지지 않았습니다. 나는 학생들을 가르쳐야 했고 그렇게 할 수 있었어요. 가끔 학생들과 얘기하거나 학생들의 발표를 듣다 보면 묘한 기분이 들기도 했습니다. '나는 머잖아 죽을 텐데 여기에 앉아서 이런 발표를 듣고 있구나. 하지만 그게 어때서? 정말 상관없어. 우리는 모두 이런 상황에 놓여 있어. 내게도 학생들에게도 오직 이 순간만 있을 뿐이야. 이게 우리 모두가 공유하는 실상이야.'

내가 1년 반 정도 이런 상황에 놓여 있었던 것이 행운이라 여겨졌었어요. 내게 희망이 없었다고 말하는 게 아닙니다. 오히려 나는 병과 함께 더 잘 살 수 있으리라 생각했습니다. 최악의 상황이 언제든 들이닥칠 수 있다는 사실을 허용한다면, 즉 죽음을 예상하고 그러한 사실과 함께 평범하게 살려고 배운다면 말입니다. 내가 위빳사나를 수행하기 시작했을 때, 누구나 이렇게 살아야 한다는 것을 알았습니다. 이것이 허약하고 불안정한 우리 존재의 본질이기 때문입니다.

3년간 위빳사나를 수행한 결과, 내가 아는 분명한 사실은, 사람이 삶에서 가진 것은 현재의 평범하고 단순한 일상적인 활동이라는 것 그리고 그것의 알아차림입니다. 물론 이렇게 말하기는 쉽고, 과거에 내가 그랬듯, 많은 사람도 이렇게 말하곤 합니다. 하지만 그들 중 극소수의 사람만이 지금 이 순간의 참된 알아차림을 받아들일 뿐, 많은 사람은 그들의 삶을 잃어버립니다. 쿠바의 철학자이자 시인인 호세 마르티José Martí, 1853~1895가 경고했듯, 우리의 존재를 주장하기 위해서는 열심히 수행해야 합니다. 그렇지 않으면 삶은 금세 소리 소문 없이 지나가 버릴 것이고, 우리는 삶이 지나가는 것조차 알아차리지 못할 것입니다.

Q   당신은 '나'의 알아차림 대신, '현재'의 알아차림을 말하고 있습니다. 현재 순간에 경험한 '나'의 평정심이 다음 순간에 경험할 '나'와

이어지기 때문인가요?

수전　　이것이 날마다 명상을 수행할 때 나타나는 가장 강력한 것입니다. 어느 순간 에고$_{ego}$가 사라집니다. 사실 에고의 소멸은 현재를 잘 알아차리는 경험의 일부인데, 그 순간 누구도 알아차리지 못합니다.

　요즘 유행하는 '마음챙김$_{mindfulness}$'에 대해 많은 사람이 편향적으로 이해하고 있습니다. 사람들은 자신이 무엇을 하고 있는지 알아차리려고 부단히 애쓰고 노력합니다. 그런데 고대 중국의 철학자 장자는 신발이 잘 맞을 때는 우리가 신발을 신었는지 알아차리지 못한다고 말했습니다. 당신이 날마다 명상을 수행하면 마음이 고요해지고, 그 결과 관찰력이 높아지며, 알아차림에 신경을 덜 쓰게 됩니다. 실제로 당신이 현재 순간을 알아차리면, 에고가 사라지기 때문에 '자신'에 대해 신경 쓰지 않습니다. 그렇게 되어야 합니다.

　하지만 이것은 아주 많은 시간 동안 수행을 해나갈 때만 일어납니다. 천천히 꾸준하게 에고를 없애는 과정 없이는 진정으로 현재의 순간을 살 수 없습니다. 현재 순간의 알아차림을 수행한다는 것이 내게 어떤 의미인지에만 끊임없이 신경 쓰기 때문입니다. 많은 사람이 자신을 위해서 늘 신경을 쓰지요. 당신의 삶이 오로지 현재에 있을 때만 의미가 있음을 진정으로 이해할 때, 에고에 관한 질문은 중요하지 않게 되고, 자기분석에서 벗어날 수 있습니다. 마음챙김을 향한 노력이 자신을 위한 것이라면, 그것은 참된 마음챙김이 아닙니다. 적어도 붓다가 가르친 자유의 의미에서 말하는 알아차림은 아닙니다.

Q   우리는 모두 '나'라는 환상, 에고라는 개념에 몰두해 있어요. 에고에 대한 집착으로 인해 통제하려는 욕구가 생기는 거라면, 에고가 사라지면 이 욕구도 사라진다고 생각합니까? 통제력이 사라지면 당신의 평정심, 평화로움을 깊게 하는 데 어떤 도움이 될까요?

수전   죽음에 대한 전망은 사람을 아주 겸허하게 합니다. 자신의 삶과 미래가 보이지 않을 때 통제력을 잃기 때문입니다. 지난 10월 내 심장 가까이에 수술이 불가능한 종양이 발견되었다고 들었을 때, 앞서 진행했던 검사에서 방사선 전문의가 그걸 놓쳤다는 것을 알게 되었습니다. 8월 어쩌면 6월에 종양을 발견할 수도 있었는데, 그만 시기를 놓쳤던 거지요. 나는 의료진에게 이 실수를 보고해야 한다고 말했지만, 그 일에 관해 분노나 억울함을 느끼지는 않았습니다.

Q   의사들이 6월에 종양을 놓쳐버린 것에 분노를 느끼지 않았다고요?

수전   나는 의사에게, 이 문제를 계속 파고들 생각은 없지만 누군가는 신경을 써야 한다고 했어요. 단지 문제를 바로잡아서 다른 사람들에게는 나와 같은 일이 일어나지 않기를 바랐습니다. 의사가 말하더군요. "당신이 문제제기를 해야 합니다. 환자가 문제제기하면 조사할 거예요." 나는 이렇게 대답했습니다. "글쎄요. 내 삶의 마지막 몇 달을 문제제기하면서 바보같이 시간을 쓰고 싶지 않아요. 당신은 방금 내가 죽게 될 거라고 말했습니다. 이런 상황에서 내가 왜 그 일을 떠맡아야 하나요? 당신이 해야 합니다. 당신네 일이고, 당신이 일하는 병원이니까요." 그 후 나는 그 일을 다시는 생각하지 않았습니다.

Q   우리가 과거에 했던 일에 대한 모든 책임은 오직 자신에게 있다는 붓다의 가르침, 즉 과거에 일어난 것이 현재에 일어난 것을 조건 짓는다는 가르침은 어떻습니까?

수전   우리에겐 오직 현재 순간에 대한 책임이 있다는 고엔카 선생님의 말씀을 늘 기억합니다. 가끔 내가 과거에 무엇을 했기에 이 모든 일, 4년간의 투병 생활이 내게 닥쳤는지 궁금해져요. 어떨 때는 반복되는 통증, 진료 예약, 항암제, 화학치료, 정맥 주사, 간병, 입원, 이 모든 것을 미워하기도 했습니다. 이전에 나는 매우 튼튼하고 강했고 운동을 잘했으니, 억울함을 느낀 것이지요. 하지만 지금 일어나는 일에 대한 원인이 오직 내게 있다는 것을 기억하면, 그걸로 충분합니다. 나는 그 부분을 훈련하고 있습니다. 그것이 억울함과 분노의 속박에서 나를 자유롭게 합니다.

Q　　그런 억울함을 느꼈을 때 당신은 현재의 순간을 놓쳤습니다.

수전　　네, 그렇습니다. 병원에서 보냈던 모든 밤은 덥고 답답하고 밀실공포증이 느껴졌습니다. 좋아할 만한 것이라곤 하나도 없었어요. 현재의 순간을 살지 못하고 있었죠. 나는 호흡을 관찰하기 시작했습니다. 호흡에 집중하면서 현재의 순간에 있을 수 있었고, 결국 모든 것이 사라졌습니다. 그러고는 다음 단계로 나아갔지요. 위빳사나는 아주 중요한 도구입니다.

Q　　당신에게 2개월이 남았을지 모릅니다. 2년 또는 그 이상이 남았을지도 모르고요. 그 기간 동안 모든 것을 잘 마무리하기 위해 해야 할 가장 중요한 일이 무엇인가요?

수전　　나는 단순함과 침묵을 믿습니다. 그 말은 마음의 고요를 뜻합니다. 내가 죽을 때 어떤 일들이 일어날 것인가에 대해서는 그다지 생각하지 않습니다. 날마다 수행한다면, 결국에는 그에 대처하는 능력을 갖게 될 것이라는 고엔카 선생님의 말씀을 믿습니다. 나는 통증 의학과에서 일하는 사람들로부터 죽는 과정이 여러 가지로 나타날 수 있다고 들었습니다. 나는 가능한 한 평화와 알아차림으로 죽음을 맞이하고 싶습니다. 신발이 발에 맞듯이 그게 쉬우면 좋겠습니다. 날마다 명상을 훌륭히 수행하여 마음을 다스려야만 그런 것이 가능하다고 알고 있습니다. 나는 침묵의 기적을 배운 것에 감사합니다. 불안할 때도 경험할 수 있는 외면의 침묵이 아니라, 두려움과 자기중심성에 뿌리를 두고 지금 이 순간을 놓치게 하는 마음의 수다가 없는 내면의 침묵입니다.

지난번 병원에 갔을 때 의사는 종양이 악화되어 더 이상 치료할 수 없다고 하더군요. 예상치 못한 정말 나쁜 소식이었지요. 그런데 놀랍게도 나는 의사의 말에 특별히 동요되지 않았습니다. 4시간 후 의사가 다른 검사를 권했습니다. 검사 후 의사는 종양이 더 커지긴 했지만, 무게는 75%나 줄어들었다고 말하면서 화학요법을 계속해보자고 했습니다. 또 힘든 하루를 보냈지요. 그때 내가 할 수 있었던 것은 현재의 순간에 머무는 수행이었습니다. 이를 견디는 유일한 방법이었지요.

Q   당신의 삶에서 남은 시간이 얼마나 있든지 간에, 그 시간을 다른 것에 뺏기고 싶지 않으며 매 순간을 살고 싶다고 말했어요. 이 생각을 다시 한번 표현해줄 수 있나요?

수전   네. 이것은 현실적인 문제이지요. 나는 내 삶의 나머지를 두려움, 화, 억울함, 후회로 써버리고 싶지 않았습니다. 내가 그렇게 할 수 있는 유일한 방법은, 내가 원하는 어떤 일이 일어나길 바라는 것이 아니라, 바로 지금 일어나고 있는 것을 있는 그대로 관찰하는 것입니다. 이것은 삶이 어떠해야 한다는 기대로부터 자유로워지는 길입니다.

Q   당신의 자유는 현재 순간에 머물며 반응하지 않는 데서 옵니까?

수전   그렇습니다. 우리는 이 진리를 느껴야 합니다. 지금 많은 사람이 마음챙김에 관해 얘기합니다. 유행이지요. 하지만 그것은 모두 자기중심성에 관한 것입니다. 나는 지금 이 순간을 알아차리고 현재에 머뭅니다. 우리가 진정으로 현재에서 자신을 알아차린다면, 자신이 알아차리고 있음을 자각하지 않을 것입니다. 알아차림 자체를 생각하지 않을 것입니다. 우리가 알아차리는 것은 매 순간 일어나서 사라지는 것입니다. 우리는 자신 그리고 자신의 존재성과 동시에 머물러 있지 못합니다. 그 또한 일어나서 영원히 사라지기 때문입니다. 우리 존재의 성질은 결국 무상합니다. 이 진리를 매 순간 느낄 때, 자신에 대한 염려에서 벗어나게 됩니다. 이것은 단순하면서도 아주 어렵습니다. 나는 내가 곧 죽을지 죽지 않을지에 상관없이, 오직 이 순간, 현재의 순간을 살고 있습니다.

깜마, 참된 유산

명상 수행을 통해 경험적인 지혜를 얻으면, 우리가 누구이며 어떤 사람인지에 대한 모든 책임이 자신에게 있음을 확인하게 됩니다. 우리는 이 자연의 법칙에서 도망갈 수 없습니다. 이를 이해하면 담마를 수행하고 담마에 헌신하려는 우리의 욕구는 강해질 것입니다. 이러한 강한 추진력은 명상의 어두운 순간이나 우리가 지쳤을 때, 세속적인 세상이 우리를 압도하는 듯 느껴질 때 우리를 도와줄 것입니다.

발아된 씨앗에서 나온 식물이 마침내 미래에 더 많은 씨앗을 맺듯이, 우리의 일상생활에서 순간적인 생각, 말, 행위가 조만간 그에 따른 결과를 줍니다. 그 미래는 밝거나 어두울 것입니다. 현재 우리가 건전함, 알아차림, 평정심을 향해 올바로 노력한다면, 그 미래는 밝을 것입니다. 무지로 인해 우리가 갈망과 혐오로 반응한다면, 그 미래는 어둠으로 가득 찰 것입니다.

붓다의 가르침은 유쾌하거나 불쾌한 두 감각에 직면해서 아닛짜를 알아차리고 평정심의 습관을 어떻게 계발하는지 보여줍니다. 우리의 삶뿐만 아니라 주변 사람들의 삶도 힘들게 만드는 오래된 습관을 없애는 방법이 이것뿐임을 아는 것이 최상의 지혜입니다. 이것이 우리로 하여금 불행에서 벗어나 닙바나로 이끌어줍니다. 이 때문에 우리는 수행을 해야 합니다. 현재 우리가 주의 깊게 관찰하고 신중하며 부지런하다면, 더 나은 미래를 위한 큰 변화를 가져올 수 있습니다.

위빳사나의 모든 코스의 마지막 법문에서 고엔카 선생님은 다음과 같은 붓다의 가르침을 자세히 설명했습니다.

* * *

깜맛사까 Kammassakā (행위의 주인)

빠띳짜-사뭅빠다(연기법)는 보편적인 인과 법칙입니다. 행위가 그러하면 결과도 그러할 것입니다. 마음의 의도가 말이나 몸으로 하는 행위의 원동력입니다. 원동력이 불건전하면, 말과 몸으로 하는 행위도 불건전할 것입니다. 씨앗이 건강하지 않으면,

열매도 건강하지 않을 것입니다. 하지만 원동력이 건전하면, 행동의 결과는 건전하기 마련입니다. 이 법칙을 직접적인 경험으로 관찰하는 능력을 계발한 위빳사나 명상가에게는 '나는 누구인가?'라는 질문에 대한 대답이 분명해집니다. 당신은 당신의 깜마, 당신의 상카라를 모두 합친 것에 불과합니다. 당신이 축적한 행동을 모두 합하면, 관습적으로 말하는 '나'와 같습니다.

깜마다야다 Kammadāyādā (행위의 상속자)

우리는 관습적으로 이렇게 말하곤 합니다. "나는 부모님 또는 그 윗분들로부터 이 유산을 물려받았습니다." 겉으로 보기에는 맞습니다. 그러나 우리의 진정한 유산은 깜마입니다. 우리는 행위의 결과, 즉 깜마의 열매를 물려받습니다. 우리가 지금 무엇이든, 이 마음과 몸 구조의 현 실상은 자신이 축적한 과거 깜마의 결과이며 합계일 뿐입니다. 현재 순간의 경험은 과거로부터 물려받은 총합입니다.

깜마요니 Kammayonī (행위로부터 태어남)

누군가는 말합니다. "나는 내 어머니의 자궁에서 나왔습니다." 겉으로 보기에는 맞습니다. 하지만 진정한 당신의 탄생은 과거의 깜마 때문입니다. 당신은 자신의 깜마라는 자궁에서 나왔습니다. 담마를 더 깊이 경험하고 이해하면 이것을 깨닫습니다. 이 것이 깜마요니, 축적된 깜마의 열매를 매 순간 낳는 자궁입니다.

깜마반두 Kammabandhū (행위의 가족)

아무도 당신의 가족이 아닙니다. 부모도, 형제도, 자매도 가족이 아닙니다. 우리는 "이 사람은 내 형제, 내 가족, 나에게 소중한 사람입니다. 나와 아주 가깝지요"라고 말합니다. 하지만 사실은 아무도 당신과 가깝지 않습니다. 때가 오면 누구도 당신과 동행하거나 당신을 도울 수 없습니다. 당신이 죽을 때는 당신의 깜마 말고는 아무것도 당신을 따라가지 않습니다. 당신이 가족이라 부르는 사람들은 여기 남지만, 당신의 깜마는 한 생에서 다른 생으로 당신을 따라다닙니다. 자신의 깜마 외에는 아무것도 가지고 가지 않습니다. 그것은 당신의 유일한 가족이며 동반자입니다.

깜마빠띠사라나 Kammapaṭisaraṇā (행위의 피난처)

피난처는 자신의 깜마 안에 있을 뿐입니다. 건전한 깜마는 피난처를 제공합니다. 불건전한 깜마는 더 많은 고통을 만듭니다. 다른 어떤 것도 당신에게 피난처를 줄 수는 없습니다. 당신이 "나는 붓다에 귀의합니다"라고 말할 때, 붓다가 된 고타마라는 이름을 가진 사람이 당신에게 피난처를 줄 수 없음을 확실히 이해해야 합니다. 당신의 깜마가 당신에게 피난처를 줍니다. 누구도 당신을 보호할 수 없고, 붓다조차도 당신을 보호할 수 없습니다. 붓다에 귀의하는 것은 붓다의 자질, 그의 깨달음, 그의 가르침에 귀의하는 것입니다. 가르침을 따라 당신의 내면에서 깨달음을 계발할 수 있습니다. 그리고 내면에서 계발한 그 깨달음은 당신의 건전한 깜마입니다. 이것만이 당신에게 피난처를 줄 것입니다. 이것만이 당신을 보호할 것입니다.

좋은 행위든 나쁜 행위든 어떤 행위를 하든 그 행위의 상속자가 된다

수행의 길을 가는 사람에게 이것이 분명해야 합니다. 이 자연의 법칙은 아주 분명합니다. 그러면 당신은 자신의 깜마에 책임을 질 수 있는 영감을 얻습니다. 매 순간 깨어 있어 몸이나 마음으로 하는 모든 행위가 건전할 수 있게 주의해야 합니다. 완벽하지 않겠지만 계속 시도하세요. 넘어질 수도 있지만 얼마나 빨리 일어나는지 보세요. 새로운 결심, 새로운 영감, 새로운 용기로 일어나서 다시 시도하세요. 이것이 당신이 담마에서 강해지는 방법입니다.

●

오, 명상가들이여, 존재들은 그들이 한 행위의 주인이고,

그들이 한 행위의 상속자이며, 그들이 한 행위로부터 태어났고

그들이 한 행위의 가족이며, 그들이 한 행위의 피난처입니다.

좋은 행위든 나쁜 행위든, 그들이 어떤 행위를 하면,

그 행위의 상속자가 될 것입니다.

－《앙굿따라 니까야》, X, 205. 〈상삽빠니야 숫따 Saṃsappanīya Sutta(삐뚤어짐
경)〉

●

아들은 피난처가 아니며

아버지도 가족들도 그러합니다.

죽음이 공격할 때,

그들 중에 피난처가 있는 게 아닙니다.

지혜롭고 자제력 있는 사람은

이것을 자각하여

자유로 이끄는 길을

재빨리 닦습니다.

－《담마빠다》, XX. 288~289.

chapter 5

죽을 때까지 미소를

행복과 불행은 당신이 한 행동의 열매입니다.
이것은 변하지 않는 보편적 법칙입니다.
당신은 자신의 죽음의 주인입니다.
당신은 자신의 구세주입니다.

로드니 버니어Rodney Bernier는 1944년 캐나다 동부에서 태어났습니다. 어렸을 때 부모님의 관계가 나빠져서 영국의 한 고아원에 보내졌는데, 음식도 늘 부족했고 종종 따돌림을 당했습니다. 글도 모르고 기술도 없었던 청소년기에 고아원을 떠나 노동자가 되었습니다. 한때는 마약에 중독되기도 했지만, 결국은 극복했습니다. 그가 힘들게 보낸 어린 시절을 생각하면, 그의 명랑함, 유쾌한 유머 감각, 특유의 친절함은 대단해 보입니다.

로드니는 인도를 여행하다가 1973년 봄베이에서 고엔카 선생님과 함께하는 위빳사나 10일 코스에 참여했습니다. 첫 코스에 강한 영향을 받은 그는 즉시 코스에 두 번 더 참가했습니다. 두 번째 코스가 끝났을 때, 그는 28살이라는 나이에 남은 삶 동안 위빳사나 수행에 전념하겠다고 결심했습니다. 명상과 붓다의 가르침은 그의 삶에서 주춧돌이 되었습니다. 특히 멧따가 그를 깊게 울렸습니다.

로드니는 브리티시 콜롬비아에 정착하여 25년 동안 백만 그루가 넘는 나무를 심는 전설적인 사람이 되었습니다. 중년이 된 그는 학교로 돌아가서 읽고 쓰는 법을 배우기로 결심했고, 이 기간 동안 30일 코스와 45일 코스를 포함하여 많은 위빳사나 코스에서 봉사했습니다. 그는 매주 그룹 명상을 열면서 밴쿠버 지역의 명상 공동체를 도왔으며, 결국 거의 30년 동안 날마다 오후 5시에 그룹 명상을 진행했습니다.

2009년 5월 로드니는 간암이 전이되었다는 진단을 받았습니다. 7월에는 종양이 척수까지 퍼져 걸을 수도 없었습니다. 그 후 5주 동안 그는 병원에서 지냈습니다.

로드니는 마지막이 가까운 것을 알았습니다. 그는 침대 옆에 있는 고엔카 선생님의 사진을 보며 스승에 대한 깊은 존경의 표시로 두 손을 모았습니다. 옆에 앉아 있던 친구가 손을 잡아주기를 원하는지 물어보니, 로드니는 괜찮다고 하더군요. 이제 내면으로 집중해서 마지막을 준비할 때가 되었습니다.

오후 5시에 그는 동료 명상가들과 함께 늘 해왔던 오후의 그룹 명상을 했습니다. 명상을 하는 내내 깨어 있던 그는, 명상이 끝나자마자 의식을 잃었습니다. 몇 시간 동안 동료 명상가들이 고엔카 선생님의 챈팅을 조용히 들으며 그의 곁에서 명상을 했습니다. 로드니는 2009년 8월 13일 이른 아침에 세상을 떠났습니다. 깊은 고요와 평화가 그 자리에 있던 모두를 감싸 안았습니다.

그가 죽기 전 마지막 몇 주 동안, 일부 명상가들은 죽음에 대한 그의 특별한 태도가 깊은 두려움을 위장하기 위한 허세인지 궁금해했습니다. 하지만 그는 끝까지 계속 기쁨을 발산하며 받아들였습니다.

로드니의 친구는 그가 물질적인 재산이 거의 없었고 재정이 불안정했으며 친구들 중에서 가장 가난했음에도, 가장 행복해 보였다고 말했습니다. 그의 죽음과 죽음을 앞두고 보여준 모습은 삶에 대한 그의 태도를 확인시켜줄 뿐이었습니다. 자신과 자신이 가진 것에 만족하며 감사하는 삶이었지요.

에비에 촌시Evie Chauncey가 로드니와 진행한 인터뷰를 보면, 삶과 죽음에 대한 그의 관점을 명쾌하게 알 수 있습니다.

* * *

나는 한 달 이상 말기 암을 앓았습니다. 이때가 내 삶에서 최고의 시간, 최고의 순간들입니다. 사실 명상가로서 죽는다는 것이 어떠할지 궁금하리라 생각됩니다. 당신은 '나는 죽음이 두렵지 않아'라고 생각할지 모릅니다. 하지만 죽음에 직면할 때까지는 정말 알 수 없습니다.

과거에 나도 사람들에게 이렇게 말했죠. "나는 죽음이 두렵지 않아요." 하지만 그땐 죽음을 제대로 이해하지 못했습니다. 이제 죽음을 앞두고 보니, 엄청난 담마의 힘을 확신하게 됩니다.

의사가 암이라고 말했을 때, 그 말은 마치 내게 "아이스크림 먹을래?"라고 말하는 것처럼 들렸어요. 부정적인 반응은 전혀 일어나지 않았습니다. 일말의 걱정도 동요도 두려움도 우울함도 없었습니다. 사실 나는 웃음이 나왔어요. 일단 우리에게 마지막이라는 진단이 내려진다면, 이제 우리는 어딘가로 가는 중이겠지요.

약 5주 전, 나는 내게 있는 종양이 악성임을 처음으로 알았습니다. 이전에는 얼마나 나쁜 상태인지 정말 몰랐어요. 병원 복도에 누워 이런 생각을 했지요. '과거에 얼마나 많은 생에서 죽음을 기다리며 어딘가에 누워 있었을까?' 이런 생각이 드니 큰 미소가 지어졌습니다. 주위를 둘러보니 수많은 사람이 들것에 실려 있더군요. 그들에게 큰 연민을 느꼈습니다. 물론 그들에게 내 미소를 보이지 않았습니다. 그들을 화나게 하고 싶지 않았지요. 그저 큰 미소가 지어졌을 따름입니다. '오, 이것은 또 하나의 삶이로구나.'

퇴원하고 나서 며칠 후 내 딸과 친구 제리와 같이 내과 전문의에게 찾아갔습니다. 들어가서 의사와 악수를 했는데, 그의 표정이 좀 심란해 보이더군요. 의사는 "너무 늦었어요. 너무 늦었어"라며 말문을 열었습니다.

"너무 늦다니요? 뭐가 너무 늦었습니까?"

"너무 늦었어요. 화학요법도 할 수 없습니다. 암이 이미 다 퍼졌어요."

"괜찮아요. 그러면 전 다음 생에 신을 신발 한 켤레를 사야겠군요."

의사는 그 말을 이해하지 못한 채 나를 빤히 쳐다보았죠. 나는 다시 말했습니다.

"정말 괜찮아요."

그러고 나서 내가 전혀 반응하지 않고 있음을 깨달았어요. 사실 나를 놀라게 만든 건 이 의사가 질겁하는 것이었죠. 의사가 다시 말했어요.

"당신은 강한 사람이군요."

"강하다고요? 제가 무엇에 강하다는 말씀이세요?"

진료실을 나와서 제리는 그 의사가 나를 파악하려 애쓰고 있던 거라고 말해줬습니다. 왜 그는 반응하지 않았던 걸까요? '다음 생'이라고 하면, 보통은 반응하는데 말이죠. 사실 나는 두렵지도 화나지도 우울하지도 않았습니다.

지난 몇 주 동안 나는 칭찬만 받았습니다. 사람들이 와서 말했어요. "로드니, 당신은 놀라워요." 나는 이제 '놀라움'이란 말이 뭔지 압니다. 그건 바로 로드니이죠. 하하. 물론 에고라는 큰 덫에 빠지지 않도록 주의하고 있습니다. 마지막 여행이 에고의 여행이 되기를 바라지 않기 때문입니다.

대체로 나는 만족합니다. 상대하기 어려운 사람들을 좀 더 관대하게 대하게 되었어요. 어떤 사람과 얘기하다가 그가 화를 내거나 불안해하면 이야기의 주제를 바꾸었습니다. 그는 알아차리지도 못했을 거예요. 나는 화낼 시간도 없습니다.

모든 이로부터 오는 멧따가 많았습니다. 그들의 몸짓, 그들이 내 눈을 바라보는 시선, 내게 말하는 방식, 나를 만지는 손길, 그들이 하는 모든 행동이 이전과 아주 달랐습니다. 훨씬 부드러웠고 매우 다정했습니다. 내게 이메일을 보내고 전화하는 사람들의 멧따도 느낄 수 있었습니다.

조용히 앉아 있으면 통증이 잦아들고 마음이 고요해졌습니다. 때때로 통증이 꽤 강렬했지만 통증은 통증일 뿐, 그것은 모두 마음 상태에 달려 있었습니다. 약간의 통증이 있긴 했는데, 특히 주변에 부정성이 많을수록 강한 통증을 느끼게 되더군요. 또 가끔 엄청난 통증이 시작되더라도, 긍정적인 진동이 아주 강하면 금세 통증을 느낄 수 없었습니다.

나는 아프다고 느끼지는 않지만, 내 몸이 망가져가는 것은 느낍니다. 하지만 내 마음 상태는 그렇지 않습니다. 여기 병원에 있는 동안 멧따의 진동이 훨씬 강해졌다고 느꼈는데, 많은 사람이 병문안을 와서 명상을 아주 많이 한 덕분입니다. 때로 밤 11시경 여기 앉아 있으면, 내 존재 전체가 고요해집니다. 통증도 없고 고통도 없습니다. 내 몸과 마음은 고요합니다. 모든 것이 아주 평온

합니다. 사람들이 내게 멧따를 보내고 있기 때문입니다. 병을 앓으면서부터 그 멧따에 나를 잘 맞출 수 있게 되었습니다. 멧따가 늘 작용해요! 심지어 화장실에 들어온 파리를 보고 바깥으로 보내주며, 그들이 언제나 행복하고 다음 생에는 더 나은 생으로 태어나라고 빌어주었습니다.

어느 날 아들이 물었습니다.

"아빠, 마음 상태는 어때요?"

몸 상태가 아니라 마음 상태가 어떤지 묻더군요. 정말 훌륭합니다. 담마 친구들이 병문안을 와서 얘기를 나눌 때 아들도 여기 있었는데, 그들에게서 영향을 받은 것 같습니다. 시간이 좀 걸렸지만, 이제 아들은 마음 상태가 가장 중요하다고 이해하기 시작했습니다.

아들은 누군가 떠나서 슬퍼하기보다는 우리가 함께했던 이 시간이 얼마나 좋았는지 깨닫고 있습니다. 아들이 내게 말했지요.

"아빠, 어쩌면 세월이 흘러 내가 이런 상황이 닥친다면, '이럴 때 아빠는 어떻게 대처했을까?'라는 생각이 들 것 같아요."

나는 그 말이 아주 좋았어요. 아들은 이제 위빳사나 수행이 가장 중요하다는 것을 알고 있습니다. 한번은 아들이 물었어요.

"아빠, 누가 나를 죽이면 아빠도 그를 죽일 건가요?"

"아니, 네가 그 상황에서 죽는다 해도 그러지 않을 거야. 내가 할 일은 삶을 파괴하는 게 아니야. 나는 너를 보호하기 위해서 내

힘으로 할 수 있는 모든 일을 하겠지만, 살인, 절도, 거짓말 같은 담마에 어긋나는 일은 절대 하지 않을 거야. 그건 네가 죽는 것보다 더 나쁘기 때문이야. 네가 죽는다 하더라도 그건 삶의 일부일 뿐이지. 나는 뒤로 걸음을 내딛지는 않을 거야."

죽음에 대해 쓴 우 바 킨 스승님의 글을 읽고 고무되었습니다. 그는 실라를 지키고 다나를 하는 것이 얼마나 중요한지 말합니다. 그리고 이것이 우리가 천상계에 가는 데 도움이 된다고도요. 게다가 우리는 명상을 하며 평정심을 지키고 있습니다. 이것은 마치 우리를 태운 기차가 속도를 내어 목적지로 달리고 있는 것과 같습니다. 우리는 기차에 타고 있고, 모든 담마를 경험하고 있으며, 우리를 향해 달려오는 모든 멧따를 받아들이고 있습니다. 우리의 얼굴에 커다란 미소가 번집니다.

간호사들은 말기 암 선고를 받은 직후가 가장 힘들다고 말합니다. 죽음을 받아들여야 하기 때문입니다. 하지만 나는 처음부터 바로 받아들였습니다. 이 일을 겪는 내내 나는 마음에서 어떤 변화도 느낄 수 없었습니다. 확실히 하기 위해 어떤 변화가 있는지 오랫동안 지켜보았지만, 없었어요.

진행되는 죽음을 나는 직면하고 있습니다. 나에게는 부정성이 전혀 없습니다. 담마가 나와 함께 있기 때문입니다. 내 주위에 있는 강한 담마의 진동을 느낍니다. 기분이 좋습니다. 정말 좋아요. 나는 죽을 때까지 미소 지을 것입니다.

눈물과 바닷물

붓다는 제자들에게 삼사라samsāra, 즉 다시 태어남의 과정을 설명했습니다. 삼사라는 계속해서 굴러가는 존재의 바퀴, 즉 과거와 미래 생의 연속이고, 우리의 깜마(행위)는 생에 생을 거듭하게 만드는 원동력입니다. 우리의 행위가 원동력을 제공하는 한, 한 존재에서 다른 존재로 되어가는 고통의 과정이 계속됩니다. 붓다는 우리가 무지에서 벗어나 갈망과 혐오의 상카라를 더 이상 일으키지 않을 때, 그로 인해 세속적 욕망에서 완전히 자유로워질 때, 끊임없이 돌고 도는 존재의 바퀴를 멈출 수 있다고 가르쳤습니다.

"형제들이여, 이 여정의 시작은 헤아릴 수 없습니다. 무지로 덮여 있고 갈망과 혐오에 매여 있어서 치달리며 살아가는 존재들에게 생의 시작점은 드러나지 않습니다. 형제들이여, 어떻게 생각합니까? 오랜 세월 치달리며 살아가는 동안, 원하지 않는 것들에서 가까워지고 원하는 것에서 멀어지면서, 그대가 흘린 눈물과 사대양에 있는 바닷물 중에 어느 쪽이 더 많겠습니까?"

"우리가 고귀한 분에게 가르침을 받았듯이, 오랜 세월 치달리며 살아가는 동안, 원하지 않는 것들에서 가까워지고 원하는 것에서 멀어지면서, 우리가 흘린 눈물이 사대양에 있는 바닷물보다 더 많습니다."

"맞습니다! 잘 말했습니다, 형제들이여! 가르침을 바르게 이해했습니다. 참으로 그대가 흘린 눈물이 더 많습니다.
형제들이여, 오랜 세월 치달리며 살아가는 동안, 그대는 얼마나 많은 어머니의 죽음, 아들의 죽음, 딸의 죽음을 경험하였습니까? 오랜 세월 치달리며 살아가는 동안, 그대는 얼마나 많은 가문의 몰락, 파산, 질병을 경험하였습니까? 이렇게 오랜 세월 치달리며 살아가는 동안, 원하지 않는 것들에서 가까워지고 원하는 것에서 멀어지면서, 그대가 흘린 눈물이 사대양에 있는 바닷물보다 더 많습니다.

형제들이여, 이 여정의 시작은 헤아릴 수 없습니다. 무지로 덮여 있고 갈망과 혐오에 매여 있어서 치달리며 살아가는 존재들에게 생의 시작점은 드러나지 않습니다. 형제들이여, 이처럼 그대들은 오랜 세월 치달리며 살아가는 동안, 수많은 괴로움, 혹독함, 재앙, 죽음을 겪어왔습니다. 그러므로 그대들은 무지와 갈망과 혐오에서 벗어나야 하고, 그에 대한 모든 욕심을 버려야 하며, 거기로부터 자유로워져야 합니다."

─《상윳따 니까야》, II. 126. 〈앗수 숫따Assu Sutta(눈물경)〉

●

담마의 선물은 다른 모든 선물을 이깁니다.

담마의 맛은 다른 모든 맛을 이깁니다.

담마의 행복은 다른 모든 기쁨을 이깁니다.

갈망의 제거는 다른 모든 고통을 이깁니다.

　－《담마빠다》, XXIV. 21(354).

●

삶의 우여곡절에 직면할 때

마음이 흔들리지 않고 슬픔이 없으며

더러움이 없고 안전하다면

이것이 가장 큰 행복입니다.

　－《숫따니빠따 Suttanipāta(경집)》, II. 4. 〈망갈라 숫따〉

chapter 6

담마에서의 삶과 죽음

위빳사나의 길에서 명상가의 진전을 재는 잣대는
그가 경험하는 감각의 종류가 아닙니다.
그 잣대는 알아차림과 평정심이 얼마나 무르익었는지의 정도입니다.
명상가가 수행법의 이런 성질을 마음에 새기고 있으면
수행에서 잘못된 길로 들어설 위험이 없으며
목표를 향해 계속 나아갈 것입니다.

하이데라바드 근처에 있는 담마 켓따Dhamma Khetta 위빳사나 국제 명상 센터는 인도에 최초로 설립된 센터입니다. 고엔카 선생님은 1976년 9월에 보드가야에서 가져온 신성한 보리수의 묘목을 심으면서 이 센터를 개관했습니다. 거기서 124번째 코스를 지도했고, 학생 122명이 참석했습니다.

센터가 시작된 초기는 물론 그 후로도 수년 동안, 센터가 앞으로 나아갈 수 있게 힘이 되어준 사람은 라티랄 메타Ratilal Mehta였습니다. 그는 성공한 사업가이자 독실한 자이나교 공동체의 일원이기도 했습니다. 그는 사고로 아내를 일찍 잃었는데, 이 사건은 그에게 고통이라는 실상을 깨닫게 했습니다. 비슷한 경험을 했던 많은 사람처럼, 그는 자신이 겪는 고통에 대처할 방법을 찾기 시작했습니다.

위빳사나 저널에 실린 담마 켓따에 관한 기사를 보면, 영성에 관한 많은 전통에 지대한 관심을 보였던 그가 어떻게 자이나교의 스승과 수행승이 나눈 대화를 접하게 됐는지 알 수 있습니다. 두 사람은 서로 다른 형태의 명상에 관해 토론하다가, 위빳사나 코스를 마친 명상가들의 독특한 경험에 대해 대화를 나누게 되었습니다. 그는 이 대화에서 영감을 얻어 고엔카 선생님이 지도하는 명상 코스에 참가했습니다.

그는 위빳사나를 수행하며 자신이 찾던 것을 발견했습니다. 특유의 열정으로 여섯 번의 코스를 연달아 참여하면서 수행에 몰두했습니다. 하지만 이게 다가 아니었죠. 자신에게 큰 이로움을 주었던 담마를 다른 사람들도 찾을 수 있도록 열정을 다해 도왔습니다. 자신의 집에서 코스를 열어 사람들이 위빳사나를 배울 수 있도록 했지요. 거기엔 그의 가족도 모두 포함됩니다.

현재 담마 켓따가 들어선 부지는 메타 집안에서 기부한 땅이고, 그는 공사 대부분을 감독했지요. 편안한 집이 가까이 있었지만, 그는 센터에서 오랜 기간 머물렀습니다. 되도록 간소하게 살면서 수행하고 봉사하며 대부분의 시간을 보냈습니다.

그는 담마에 열심히 헌신하면서도 그가 속한 전통에 존경을 다하는 것을 게을리하지 않았습니다. 독실한 자이나교도로서 의무를 계속했고, 자이나교의 수행승들을 기리고 섬겼습니다. 자이나교 가르침의 본질이 갈망, 혐오, 무지를 정복하는 것이며, 위빳사나가 이 목표를 달성하는 방법임을 알았기 때문입니다. 그는 종파나 철학의 모든 차이를 초월하는 순수한 담마의 보편적인 성질을 바르게 이해하고 있었습니다.

말년에 이르러 온몸에 암이 퍼지면서 메타는 건강이 악화됐고 심한 통증에 시달렸습니다. 80대 때에는 큰 수술을 받아야 했습니다. 수술로 인해 몸이 약해졌지만, 담마를 수행하고 나누려는 마음이 줄어들지는 않았습니다. 통증과 신체적 쇠약에도 그는 담마 켓따의 공사 감독을 계속하였고, 수술 후 겨우 회복된 뒤에는 담마 기리에서 열리는 장기 코스에 참가했습니다. 남은 생을 가장 좋은 방법으로 사용하고 싶었기 때문입니다.

메타가 세상을 뜬 지 1년이 되었습니다. 그의 죽음은 영감을 주는 중요한 사건이었습니다. 그는 자신이 죽어가는 걸 알고 있었어요. 고통도 심했지만 결코 불평하지 않았습니다. 마지막 순간이 가까워지자, 그는 명상 수행을 원했습니다. 그 자리에 있던 가족들과 친구들은 그의 요청대로 목욕을 시켜주었고, 침대로 돌아와 동쪽을 향해 앉을 수 있게 도와주었습니다. 방 안에 있던 사람들은 고엔카 선생님의 챈팅을 틀어놓고 그와 함께 명상을 했습니다. "바와뚜 삽바 망갈랑bhāvatu sabba maṅgalaṃ(모든 존재가 행복하기를)"이라는 축원과 "사두, 사두, 사두sādhu, sādhu, sādhu(좋은 말씀입니다)"라는 응답으로 챈팅이 끝났을 때, 메타는 반듯하게 앉아 있었습니다. 의사가 그에게 다가가 맥박을 확인하고는 말했습니다.

"그는 떠났습니다." 그 말을 듣고 모두가 놀랐습니다. 메타의 머리와 몸은 여전히 꼿꼿했기 때문입니다.

캘리포니아에서 진행되는 코스에 참여하고 있던 고엔카 선생님에게 메타의 사망 소식이 전해졌습니다. 고엔카 선생님과 그의 부인인 마타지Mataji*는 코스 봉사자들과 함께 여느 때처럼 아침 그룹 명상을 하고 있었습니다. 명상이 끝날 무렵 고엔카 선생님이 학생들에게 말했습니다. "놀라운 소식을 전합니다." 고엔카 선생님이 그런 공지를 하는 일도 드문 일인 데다, 메타가 놀라운 방식으로 세상을 떠난 소식을 듣고는 더욱 놀랐습니다.

서양에서는 죽음을 긍정적으로 보는 일이 아주 드뭅니다. 그럼에도 헌신적인 명상가의 이상적인 죽음을 듣는 일은 매우 뭉클합니다. 죽음의 순간, 몸이 엄청나게 불편한 상황에서도, 메타의 마음은 알아차림, 평정심, 겸손, 사랑으로 가득했습니다. 그가 죽는 순간을 함께했던 사람들과 그 소식을 나중에 들은 사람들은 감동적인 사건을 접하게 되어 행운이라고 느꼈습니다.

메타를 알았던 동료 명상가들은 그의 솔직한 성격, 대단한 결단력, 에너지, 열정을 기억합니다. 오늘날 학생 350명을 수용할 수 있는 시설로 성장한 담마 켓따는 그의 헌신적인 봉사를 기리는 기념관입니다.

● 마타지는 힌디어로 '어머니'를 뜻하며, 이 책에서는 고엔카 선생님의 부인을 이릅니다.

아닛짜의 진리

수세기 동안 인간은 외모를 개선하고, 몸 냄새를 감추며, 몸의 노화를 멈추고, 몸과 마음의 고통을 감추기 위해 수많은 제품을 생산했습니다. 이 모든 것은 아름다움, 행복, 불변함에 대한 환상을 만들었습니다. 시장은 보석, 화려한 옷과 신발, 머리 염색약, 화장품, 향수, 술, 마약 등을 팔며 번창했습니다.

물질적인 몸의 진리는 무의식의 마음에 깊이 묻혀 있습니다. 흙에 덮인 관처럼 말입니다. 붓다는 물질적인 몸의 진리를 밝혔습니다. 붓다는 몸이 매 순간 썩어가고 점차 시들어 죽음에 이른다는 것을 경험으로 이해했고, 몸 안에 있는 아닛짜의 진리가 닙바나로 가는 열쇠임을 발견했습니다.

우리는 모두 이 진리를 눈치채고 있지만, 그것을 외면해버립니다. 영원한 '나'를 담고 있는 불변하는 몸이라는 허황된 개념에 우리가 강하게 집착하여 상실에 대한 깊은 두려움을 드러내기 때문입니다.

위빳사나 명상은 마음-몸의 참된 성질을 끊임없이 변화하는 특성인 아닛짜로 보게 합니다. 마음-몸의 실상에 대해 평정심을 계발하는 것은 허상에 대한 우리의 집착을 깨고 우리를 자유로 이끕니다.

•

형제들이여, 이제 내가 그대에게 가르칩니다.

조건 지어진 것들은 모두 썩어가는 성질을 지닙니다.

부지런히 정진하세요.

  - 《디가 니까야 Dīgha Nikāya》, II. 185. 〈마하빠리닙바나 숫따Mahāparinibbāna Sutta(대반열경)〉

•

과거에 머물러서도 안 되고, 미래를 동경해서도 안 됩니다.

과거는 사라졌고, 미래는 닿을 수 없습니다.

현재 일어나는 현상을 통찰로 관찰하세요.

지혜로운 자는 정복당하지 않고 흔들림 없는 그 일에 정진합니다.

오늘 그 일에 정진하세요. 내일 죽음이 올지 누가 알겠습니까?

우리는 죽음의 무리와 타협할 수 없습니다.

열심히 수행하여 밤낮으로 성성하게 머무는 사람은

상서로운 하룻밤을 보내는 고요한 현자라 불립니다.

  - 《맛지마 니까야Majjhima Nikāya》, XIV. 131. 〈밧데까랏따 숫따 Bhaddekarattasutta(상서로운 하룻밤경)〉

자신의 죽음 준비하기

Q 붓다 또는 붓다의 제자들이 죽음을 맞이한 방식에서 어떤 교훈을 얻을 수 있을까요?

A 붓다는 담마를 사람들에게 나누어주고 웃으며 돌아가셨습니다. 모든 이를 위한 위빳사나를 가르쳐주셨지요. 붓다는 스승이었습니다. 그는 마지막 숨을 거둘 때까지 담마를 주리라고 결심하였습니다.

붓다가 돌아가실 무렵, 어떤 사람이 붓다를 찾아왔는데, 그의 오랜 제자인 아난다가 지금은 때가 아니라고 말하며 방문을 막았습니다. 그걸 우연히 들은 붓다는 "아니다. 그를 데려오너라. 아난다, 그를 데려오너라"라고 말했습니다. 자비와 연민으로 가득했던 붓다는 죽어가는 상황에서도 자신의 고통은 신경 쓰지 않았습니다. 붓다는 이 사람에게 담마를 줘야 한다는 것을 알았습니다. 그렇지 않으면 그가 담마를 놓칠 수 있으니까요. 연민은 가르치는 사람이 계발해야 할 중요한 자질입니다.

Q 죽기 몇 시간 전에 그리고 죽는 순간에 주의를 어디에 두어야 하는지 알고 싶습니다.

A 아닛짜를 늘 알아차려야 합니다. 위빳사나를 수행함으로써 여러분은 삶의 기술과 죽음의 기술을 배웁니다. 위빳사나를 꾸준히 수행했다면, 죽을 때 저절로 아닛짜를 온전히 알아차리고 아주 평화롭게 죽을 것입니다. 의식불명으로 또는 울면서 혹은 두려워하면서 죽을 수 없습니다. 미소를 지으며 감각을 관찰하며 죽음을 맞이해야 합니다. 그래야 이번 생도 안전하고 다음 생도 안전합니다.

Q 어떤 사람들은 죽기 전에 우리가 쌓은 선한 행위들, 다나와 실라 같은 공덕을 떠올리라고 합니다. 이것이 아직 닙바나에서 멀리 떨어져 있는 우리를 데와 로까 devā loka, 즉 천상계로 이끌지도 모른다고 하면서요. 우리는 천상계로 가도록 노력해야 하나요?

A 위빳사나 수행을 해본 적이 없는 사람들은 그렇게 하는 것이 좋습니다. 선행을 기억하면 더 높은 존재계로 가게 됩니다. 하지만 위빳사나 수행을 한다면 아닛짜를 기억해야 합니다. 수행자가 아직 닙바나로 갈 준비가 되지 않았다면 천상계로 갈 것입니다. 닙바나에 도달하기 위해 더 많은 수행이 필요한 것이기 때문에, 스승 없이 스스로 수행을 계속할 수 있는 천상계로 갈 것입니다. 아닛짜를 관찰하며 죽기 때문에, 아닛짜를

관찰하는 마음을 타고날 것이고 위빳사나를 계속 수행하게 될 것입니다.

코스에 오는 많은 사람이 이렇게 말합니다. "어릴 때부터 나는 이런 감각들을 느꼈어요. 그땐 그 감각들이 무엇인지 몰랐습니다." 그런 사람들은 과거 생에서 수행한 경험을 가지고 있습니다. 이 수행은 계속 당신과 함께 갈 것입니다.

Q 부정적인 생각이 일어날 때 평정심으로 명상한다면, 그리고 그때 죽음이 온다면 어떤 로까로 갑니까?

A 부정적인 생각들이 일어나는 동안에도, 죽음의 순간에도 감각은 즉시 자동적으로 일어날 것이고, 여러분이 위빳사나를 수행한다면 그런 감각들을 관찰할 수 있을 것입니다. 그러면 죽은 후에 낮은 존재계로 가지 않을 것입니다. 낮은 존재계에서는 아닛짜를 알아차리며 위빳사나를 수행할 수 없기 때문입니다.

걱정할 필요 없어요. 위빳사나를 수행하지 않을 때만 걱정해야 합니다. 규칙적으로 아침과 저녁에 수행한다면, 죽을 때 저절로 감각이 일어날 것입니다. 거기에는 의심의 여지가 없습니다. 위빳사나를 수행하는 그 누구도 죽음을 두려워할 필요가 없습니다. 위빳사나를 수행한다면, 죽음은 확실히 긍정적인 방향으로 일어날 것이고, 여러분은 더 나은 삶을 살 것입니다.

고엔카의 위빳사나 명상2

Q 전생이 있는지 또는 죽음 이후의 삶이 있는지 어떻게 알 수 있습니까?

A 위빳사나를 수행하는 데 전생 또는 내생을 믿을 필요는 없습니다. 물론 이 현재의 삶은 믿어야 합니다. 많은 사람이 전생이나 내생을 믿지 않고 코스에 옵니다. 상관없어요. 이 순간의 실상에 모든 중요성을 부여하십시오. 이 순간 여러분은 죽어가고 있습니다. 매 순간 여러분은 죽어가고, 매 순간 새로 태어납니다. 이것을 관찰하고 느끼고 이해하세요. 또한 이렇게 변화하는 흐름에 여러분이 어떻게 반응해서 자신을 해치는지 알아차리세요. 반응을 멈추면 현재가 점점 더 좋아집니다. 내생이 있다면, 물론 거기서도 이로움을 얻을 것입니다. 내생이 없다 하더라도 걱정할 필요는 없습니다. 여러분은 현재의 삶을 향상시키려고 최선을 다했습니다. 미래는 현재의 산물일 뿐입니다. 현재가 괜찮다면 미래도 괜찮을 것입니다.

여러분에게 남은 시간을 낭비하지 마세요.
지금은 여러분이 활력과 성실함으로 노력할 때입니다.
여러분이 죽는 것은 확실하지만,
얼마나 살지는 확실하지 않습니다.

- 웨부 사야도°

● 웨부 사야도Webu Sayadaw, 1896~1977는 20세기 당시 미얀마에서 가장 존경받던 스님 중 한 분입니다. 사야도는 미얀마어로 '왕실의 스승'을 뜻하며, 주로 사찰의 주지나 큰 스님을 이릅니다.

chapter 7

치명적인 병에 걸렸을 때의 평정심

내가 차분하고 고요하고 가라앉고 평화롭기를.
균형 잡힌 마음을 계발하기를.
몸에서 일어나는 감각을 완벽한 평정심으로 관찰하기를.

약 10년 전 내 아내 파르바탐마Parvathamma는 지금까지도 치료 불가능한 희소 질환인 운동신경세포병을 진단받았습니다. 아내는 팔, 다리, 목의 근육들이 점차 쇠약해지면서 일상적인 활동에도 도움이 필요했습니다. 이종요법, 동종요법, 아유르베다요법, 자연요법, 현대 의학은 아무런 성과를 내지 못했습니다. 아내는 무력함을 느꼈고 불안감과 좌절감에 휩싸여갔어요. 아내는 침울해져서 자주 울곤 했습니다.

가슴이 미어졌지만, 우리 가족은 아내가 불편하지 않도록 신경을 썼습니다. 아내가 소외당한다는 느낌을 전혀 받지 않게끔 신경 썼지요. 우리는 아내가 기운을 내도록 노력했지만, 친구나 친척이 방문할 때면 허물어지곤 했습니다.

아내가 병을 앓은 지 4년 정도 되었을 때, 고엔카 선생님의 지도 아래 자이푸르에서 열리는 위빳사나 코스에 참석했습니다. 첫날 아내는 무척 힘들어했지만, 주변의 자비로운 명상가들과 함께 그 고초를 견뎌냈습니다. 나흘째가 되자 아내는 다른 사람이 되어 있었습니다. 그녀는 온몸에 흐르는 미세한 감각을 느꼈고, 웃음을 되찾았으며, 체력이 점차 회복되어 갔습니다. 그녀는 가장 이로운 열흘간의 여정을 통해 수행을 했습니다.

그 후로도 몇 달 동안 건강이 악화되기는 했지만, 아내는 꾸준히 명상을 수행했습니다. 여의치 않게도 일 때문에 나는 종종 아지메르에 가야 했지만, 자이푸르로 돌아올 때마다 아내와 같이 명상했습니다. 고엔카 선생님의 챈팅 테이프와 지역 명상가들의 방문은 아내에게 영감과 힘을 주었습니다.

위빳사나 코스를 한 번만 참가했을 뿐인데도 아내는 상당히 변했습니다. 기쁨이 흘러넘쳤습니다. 그녀를 위로하려고 온 사람들은 평온하게 돌아갔습니다. 아내는 한 번도 병에 대해 불평하지 않았고, 자신의 불행한 상태에 절망하지도 않았습니다. 방문객들과 그들의 가족이 잘 지내는지 따뜻하고 자비롭게 묻고, 그들에게 행복을 빌어주었습니다.

병은 빠르게 진행되어 갔습니다. 근육이 급격히 쇠약해져서 포도당 링거를 맞고 산소 호흡기를 차야 했습니다. 하지만 극심한 통증에도, 여전히 자신의 신체적 기능을 잘 유지하고 있었습니다. 목 아래로는 가녀린 뼈와 쪼그라든 근육이 드러났지만, 얼굴만큼은 환한 미소로 빛났습니다. 그녀는 명상을 계속 이어갔습니다.

그녀가 세상을 등지기 이틀 전, 그녀는 가족들이 자신을 돌봐줄 때 자기도 모르게 상처되는 말을 했을까 봐 간절히 용서를 구했습니다. 또 그렇게 다정하고 너그러운 가족이 있어서 대단한 행운이었다고 말했습니다.

이제 심장과 폐의 근육에까지 병이 퍼지자, 아내는 잠을 자지 못했습니다. 움직이면 기침을 했기 때문이지요. 다음 날 밤은 휠체어를 타고 비교적 편하게 잠을 잘 수 있었습니다. 잠에서 깰 때마다 곁에서 간병하는 사람들에게 쉬라고 말했고, 가족들이 잘 자는지도 물었습니다.

아침 7시 15분, 아내는 우유를 조금 마시고는 한 차례 기침을 했습니다. 그녀가 늘 두려워했던 기침이었습니다. 숨이 막히자 아내는 의사를 보내달라고 했는데, 15분 정도가 지나 의사가 도착했습니다. 의사가 현관에 도착했을 때, 아내는 약간의 기침을 하고 마지막 숨을 내쉬었습니다. 1985년 1월 15일 아침, 아내는 주변 사람들을 자비로운 눈빛으로 바라보면서 평화롭게 숨을 거뒀습니다.

우리는 고엔카 선생님으로부터 수행이 죽음을 위한 준비이기도 하다는 것을 배웠습니다. 우리 가족이 겪었던 경험이 이 진리에 대한 증거입니다. 극심한 고통 한가운데서도 그녀가 지켰던 평정심 덕분에 아내는 감각 기능을 계속 제어할 수 있었습니다.

그녀는 모든 이에게 큰 영감을 주었고, 그로 인해 명상가인 우리는 더 진지하게 담마에 전념할 수 있었습니다. 부단한 노력과 규칙적인 수행을 통해, 우리는 사랑하는 사람을 잃은 충격을 이겨낼 수 있었습니다. 그녀가 모든 고통에서 벗어나기를 기원하며 멧따를 보냅니다.

—S. 아다비아파S. Adaviappa

자신의 구원을 위한 수행

날마다 아침 저녁으로 수행할 때, 위빳사나는 우리 안에 살아 있습니다. 몸에서 일어나는 감각의 알아차림, 즉 초기 경고 시스템으로 우리가 가지고 있던 불건전한 습관이 다시 나타나고 강해지려 할 때 반응하지 않도록 경고해줍니다. 이 습관을 바꾸기 위해 지속적으로 노력한다면, 우리는 마음의 주인이 될 수 있습니다.

그 과정은 간단하면서도 어렵습니다. 미끄러지기 쉽습니다. 그 길은 매우 길어서 자칫 벗어나면 계속 벌어질 수 있습니다. 그러므로 기회가 되는 대로 코스에 참여하여 명상을 하고, 고엔카 선생님의 법문을 주의 깊게 들으며 올바르게 수행하는 방법을 검토하면 좋습니다.

다음은 1997년 봄 위빳사나 소식지에 실린 글로, 구수련생을 위한 3일 코스 중 둘째 날 고엔카 선생님이 한 법문을 간추린 것입니다.

* * *

마음 표면에서는 생각하고 상상하고 꿈꾸고 제안하며 아주 많은 놀이를 합니다. 하지만 내면 깊은 곳에서 마음은 습관의 포로로 남아 있습니다. 그리고 마음의 깊은 차원에 있는 습관은 감각을 느끼고 반응합니다. 감각이 유쾌하면 마음은 갈망으로 반응하고, 감각이 불쾌하면 마음은 혐오로 반응합니다.

붓다의 가르침은 문제의 근원으로 가는 길입니다. 근원에서 수행하지 않으면 우리는 지성만 다루게 되고, 그러면 마음의 일부만 정화될 것입니다. 나무의 뿌리가 건강하지 않으면 나무 전체가 아플 것이고, 뿌리가 건강하면 나무 전체가 튼튼할 것입니다. 그래서 뿌리에서 시작해야 합니다. 이것이 붓다의 깨달음이었습니다.

붓다가 담마, 실라, 사마디, 빤냐의 길, 즉 여덟 가지 성스런 길을 알려준 것은 숭배, 교리, 믿음을 확립하기 위해서가 아니었습니다. 이 길은 실용적인 길이며, 그 길을 걷는 사람들은 마음의 깊은 곳까지 들어가 모든 고통을 뿌리 뽑을 수 있습니다.

마음의 깊은 곳으로 들어가 고통을 제거하는 것은 각자 스스로 해야 합니다. 누군가 사랑과 연민으로 당신을 안내하고 도울 수 있습니다. 하지만 "내가 당신을 최종 목표 지점으로 데려다줄게요. 그냥 나를 따라오세요. 모든 일은 내가 다 알아서 할게요" 하며 당신을 어깨에 지고 갈 사람은 없습니다.

당신에게는 자신의 속박에 대한 책임이 있습니다. 당신은 자신의 마음을 불순하게 만든 책임이 있습니다. 누구의 책임도 아닙니다. 속박을 끊고 마음을 정화할 책임은 오직 당신에게 있습니다.

끊임없는 수행이 성공의 비결입니다. 끊임없이 알아차려야 한다는 것은 몸의 감각을 지혜와 함께 알아차리고, 몸에서 일어나고 사라지는 것을 실제로 경험하는 것입니다. 무상함에 대한 알아차림이, 감각이 일어나고 사라지는 것에 대한 알아차림이 당신의 마음을 정화시킵니다.

이 진리를 지성으로 아는 것은 도움이 되지 않을 것입니다. 당신은 이해할 수 있겠지요.

"일어나는 것은 조만간 사라진다. 태어나면 조만간 죽는다. 이것이 아닛짜이다."

당신이 이걸 바르게 이해하고 있다 하더라도 경험하지 않으면 아무 소용이 없습니다. 당신의 경험만이 마음을 정화하고 고통으로부터 당신을 자유롭게 할 것입니다.

아닛짜는 반드시 경험해야 합니다. 당신이 경험하지 않으면 그것은 이론에 그칠 뿐입니다. 붓다는 이론에 관심이 없었습니다. 붓다 이전에도, 붓다 당시에도 온 우주가 흐름이고 아닛짜라고 가르친 스승들이 있었습니다. 새로운 게 아니었지요. 붓다가 새로 가르친 것은 아닛짜의 경험입니다. 당신이 자신의 몸안에서 경험할 때, 마음 가장 깊은 곳에서 수행을 시작합니다.

이 길을 가는 사람들에게 매우 중요한 두 가지가 있습니다. 첫 번째는 의식과 무의식의 마음을 나누는 장벽을 무너뜨리는 것입니다. 이전에는 깊은 무의식적인 마음에서만 느꼈던 감각을 의식적인 마음에서 느낄 수 있다고 하더라도, 그것만으론 도움이 되지 않을 것입니다.

붓다는 당신이 두 번째 단계를 밟기를 원했습니다. 그것은 가장 깊은 수준에서 반응하는 마음의 습관을 바꾸는 것입니다.

감각을 느끼기 시작한 단계로 진입한 것은 훌륭한 첫걸음이지만, 아직 반응하는 습관은 남아 있습니다. 불쾌한 감각을 느낄 때 '아, 이것을 없애야 해'라고 계속 반응한다면, 또한 유쾌한 감각을 느낄때 '아, 이게 내가 찾던 거야'라고 계속 반응한다면, 위빳사나를 온전히 이해한 것이 아닙니다.

위빳사나는 쾌락과 고통의 놀이가 아닙니다. 당신은 평생, 수많은 생에서 이렇게 반응해왔습니다. 이제 당신은 위빳사나라는 이름으로 이런 습관을 강하게 만들기 시작할 것입니다. 불쾌한 감각을 느낄 때마다 혐오로 반응할 것이고, 유쾌한 감각을 느낄 때마다 갈망으로 반응할 것입니다. 위빳사나는 아직 당신을 돕지 않았습니다. 당신이 위빳사나를 돕지 않았기 때문이죠.

오랜 습관 때문에 다시 반응하는 실수를 저지르면 얼마나 빨리 그것을 알아차리는지 지켜보십시오. '자, 불쾌한 감각에 나는 혐오로 반응하는구나. 유쾌한 감각에 나는 갈망으로 반응하는구나. 이것은 위빳사나가 아니야. 이건 내게 전혀 도움이 되지 않아.'

이것이 당신이 해야 할 일임을 이해하세요. 100% 성공하지 못해도 괜찮습니다. 당신이 계속 이해하려고 노력하고 오랜 습관을 바꾸려고 애쓰는 것만으로도 이로울 것입니다. 몇 순간이라도 자신의 감옥에서 벗어나기 시작했다면, 나아가고 있는 겁니다.

붓다가 당신에게 바란 것은 여덟 가지 성스런 길을 실천하는 일입니다. 실라를 수행해서 올바른 사마디를 얻습니다. 실라를 계속 어기는 사람들은 가장 깊은 차원의 실상에 도달하기 어렵습니다. 실라는 마음을 어느 정도 다스린 후에, 실라를 어기면

해롭다고 빤냐로 이해한 후에야 계발할 수 있습니다. 경험에서 나온 빤냐는 사마디를 도울 것이고, 경험에서 나온 사마디는 실라를 도울 것입니다. 더 강해진 실라는 사마디가 강해지도록 도울 것이고, 더 강해진 사마디는 빤냐가 강해지도록 도울 것입니다. 세 가지의 각 부분이 다른 둘을 도와 당신이 계속 나아가도록 할 것입니다.

당신은 실상, 즉 있는 그대로의 진리와 함께해야 합니다. 모든 것은 끊임없이 변합니다. 모든 진동이 다름 아닌 유동, 흐름입니다. 이런 깨달음이 감각에 반응하는 뿌리 깊은 습관을 제거합니다.

당신이 경험하는 감각을, 유쾌하거나 불쾌하거나 중립적인 감각을 도구로 사용해야 합니다. 진리를 있는 그대로 이해할 때, 이런 감각들은 당신을 고통에서 자유롭게 하는 도구가 될 수 있습니다. 하지만 이런 감각들은 불행을 늘리는 도구도 될 수도 있습니다. 좋아함과 싫어함이 문제를 흐려서는 안 됩니다. 실상은 감각들이 일어나고 사라진다는 것입니다. 그것이 유쾌하든 불쾌하든 중립이든 아무런 차이가 없습니다. 당신이 경험하는 가장 유쾌한 감각조차도 고통이라는 사실을 깨달으면, 그때 자유에 가까워집니다.

유쾌한 감각이 왜 고통인지 이해하십시오. 유쾌한 감각이 일어날 때마다 당신은 갈망하기 시작합니다. 유쾌한 감각에 집착하는 습관은 수많은 생에서 지속되었습니다. 이 때문에 혐오가 생깁니다. 갈망과 혐오는 동전의 양면입니다. 갈망이 강할수록 혐오도 강해집니다. 조만간 유쾌한 감각이 모두 불쾌한 감각으로 바뀌고, 불쾌한 감각은 모두 유쾌한 감각으로 변할 것입니다. 이것이 자연의 법칙입니다. 유쾌한 감각을 갈망하기 시작한다면, 당신은 불행을 초대하는 것입니다.

붓다는 참된 진리를 보지 못하게 방해하는 것들을 분해하게끔 가르쳐주었습니다. 실제론 진동만 있습니다. 동시에 견고함도 있습니다. 예를 들면, 이 벽은 견고합니다. 이는 피상적인 진리입니다. 궁극적인 진리는 당신이 벽이라고 부르는 것이 진동하는 아원자 입자들로 이뤄진 덩어리일 뿐이라는 것입니다. 적절한 이해력을 통해 두 가지 진리를 통합해야 합니다.

담마는 우리의 이해를 발전시켜 반응하는 습관으로부터 우리를 자유롭게 합니다. 또한 갈망과 혐오가 우리를 해친다고 알려줍니다. 그러면 우리는 더욱 현실적이 됩니다. "봐, 궁극적인 진리가 있고, 피상적인 진리가 있어. 그것 또한 진리야."

자신을 자유롭게 하기 위해 마음 깊은 곳으로 가는 과정은 홀로 해야 하지만, 가족 그리고 사회 전체와 함께 수행할 준비가 되어야 합니다. 사랑, 연민, 선의가 정말 계발되고 있는지는,

이러한 자질들이 당신의 주변 사람들을 향해 드러나는지 아닌지를 보면 가늠할 수 있습니다.

붓다는 우리가 마음의 가장 깊은 곳에서 자유롭기를 원했습니다. 그것은 세 가지 특성을 깨달을 때만 가능합니다. 그것은 아닛짜, 둑카, 아낫따anattā(무아)입니다. 마음이 조건화로부터 자유로워지면, 마음에서 조건화가 완전히 없어질 때까지 층층히 정화되어 갑니다. 그때 남은 순수함이 삶의 방식이 됩니다. 그때는 멧따를 수행할 필요가 없을 것입니다. 멧따가 당신의 삶이 될 것이기 때문입니다. 당신은 항상 사랑, 연민, 선의가 넘칠 것입니다. 이것이 위빳사나의 목적입니다.

자유의 길은 마음의 가장 깊은 곳에서 수행하는 것입니다. 마음에서 좋은 제안을 하는 것에는 아무 문제가 없습니다. 하지만 가장 깊은 차원에서 맹목적으로 반응하는 습관을 바꾸지 않으면, 당신은 자유를 얻을 수 없습니다. 가장 깊은 차원의 마음이 변하지 않으면, 아무도 자유를 얻을 수 없습니다. 마음의 가장 깊은 곳은 항상 몸의 감각과 접촉합니다.

마음과 물질이 어떻게 서로 연관되어 있는지 이해하기 위해서는 전체 구조를 나누고 분해하며 살펴봐야 합니다. 몸은 잊어버리고 마음만 가지고 수행한다면, 붓다의 가르침을 수행하는 것이 아닙니다. 마음은 잊어버리고 몸만 가지고 수행한다면, 그

역시 붓다를 제대로 이해하는 것이 아닙니다.

마음에서 일어나는 것은 물질로, 물질의 영역에서 감각으로 변합니다. 이것이 붓다의 발견이었습니다. 사람들은 이 진리를 잊어버렸지요. 제대로 된 수행을 통해서만 이 진리를 이해할 수 있습니다. 붓다는 "마음에 일어난 것은 모두 몸에서 일어난 감각으로 흐른다"라고 말했습니다.

아사와āsava라는 말은 '흐름' 또는 '취하게 하는 것'을 뜻합니다. 당신이 화를 냈다고 합시다. 그럼 생화학적 흐름이 시작되어 매우 불쾌한 감각이 일어납니다. 이 불쾌한 감각 때문에 당신은 더 큰 화로 반응합니다. 다시 더 많은 생화학적 분비물이 나오면서 그 흐름이 더 강해집니다. 불쾌한 감각들이 화를 키우고, 다시 생화학적인 분비물이 촉진되면서 흐름이 점차 강해지는 것입니다.

마찬가지로, 격정이나 두려움이 일어날 때, 특정한 형태의 생화학적인 분비물이 피를 따라 흐릅니다. 끔찍한 순환이 계속 되풀이됩니다. 흐름이, 취하게 하는 것이 마음 깊은 곳에 있습니다. 무지로 인해 우리는 이 특정한 생화학적 흐름에 취합니다. 이것이 우리를 비참하게 만들지만, 우리는 여전히 취해 있습니다. 그래서 우리는 그것을 또다시 원합니다. 그래서 우리는 화에 이어 화를 내고, 격정에 이어 격정을 일으키며, 두려움에 이어 두려움을 일으킵니다. 마음에서 일으키는 불순물에 우리가 취합니다. 어떤 이는 술이나 마약에 중독되었다고 말하는데, 이건 사실이 아닙니다. 아무도 술이나 마약에 중독되지 않았습니다. 실제로는 술이나 마약이 일으키는 감각에 중독된 것입니다.

붓다는 우리에게 실상을 관찰하라고 가르칩니다. 우리가 아닛짜를 이해하며 몸에서 일어나는 감각들을 관찰할 때, 모든 중독에서 벗어날 수 있습니다. 차츰 우리는 반응을 멈추는 법을 배워나갈 것입니다.

담마는 매우 단순하고, 과학적이며, 참되고, 누구에게나 적용되는 자연의 법칙입니다. 불교도, 힌두교도, 이슬람교도, 기독교도, 미국인, 인도인, 미얀마인, 러시아인, 이탈리아인 등등 간에 아무런 차이가 없습니다. 인간은 인간일 뿐입니다. 담마는 마음과 몸 사이의 상호 작용에 관한 순수 과학입니다. 담마가 종파적 또는 철학적 믿음이 되지 않도록 하십시오. 그것은 도움이 되지 않습니다.

붓다는 마음과 물질의 관계에 대한 진리를 찾으려 했습니다. 그리고 이 진리를 발견하고서 마음과 물질을 넘어서 가는 길을 찾았습니다. 단순한 호기심이 아니라 모든 존재가 고통에서 벗어날 수 있는 길을 찾기 위해 실상을 탐구했습니다. 결국 그는 이 고통에서 벗어나는 길을 찾았습니다.

각자가 고통에서 벗어나야 합니다. 다른 해결책이 없습니다. 가족의 모든 구성원이 고통에서 벗어나야 합니다. 그러면 가족이 행복하고 평화롭고 화목해질 것입니다. 사회의 모든 구성원들이 고통에서 벗어난다면, 한 나라의 온 국민이 고통에서 벗어난다면, 세상의 모든 사람이 고통에서 벗어난다면, 그제야 세계 평화가 올 것입니다.

우리가 세계 평화를 원한다고 해서 세계 평화가 찾아올 리 없습니다. "나는 세계 평화 때문에 동요하고 있어. 그러니 세계 평화가 일어나야 해." 그런 일은 일어나지 않습니다. 우리는 평화를 위해 동요할 수 없습니다. 우리가 동요하면 자신의 평화를 잃습니다. 그러니 동요되지 마세요! 마음을 정화하십시오. 그러면 당신이 하는 행동은 모두 우주에 평화를 더할 것입니다.

마음을 정화하세요. 당신이 사회를 도울 수 있는 방법은 이것입니다. 다른 사람을 해치는 것을 멈추고, 그들을 도울 수 있는 방법입니다. 자신의 자유를 위해 수행할 때, 다른 사람들도 고통에서 벗어날 수 있도록 도와주는 것이 시작됩니다. 한 개인은 여러 개인이 됩니다. 천천히 원을 넓힙니다. 마법도 없고 기적도 없습니다. 자신의 평화를 위해 수행하십시오. 그러면 자신의 주변 분위기를 더 평화롭게 만든다는 걸 알게 될 것입니다. 당신이 제대로 수행한다면 말입니다.

기적이 있다면, 고통에서 뒹구는 마음의 습관에서 벗어나는 것입니다. 이보다 더 큰 기적은 없습니다. 이런 기적을 향해 내딛는 걸음은 모두 건강한 걸음, 도움이 되는 걸음입니다.

모두가 고통에서 벗어나서 자유롭기를 바랍니다. 참된 평화, 참된 조화, 참된 행복을 누리기를.

●

하늘에서도

바다 한가운데서도

산속의 동굴에서도

피할 곳은 없습니다.

세상 어느 곳도

죽음으로 압도당하지 않는 곳은 없기 때문입니다.

－《담마빠다》, IX.128.

●

당신은 스스로 노력해야 합니다.

깨달은 자는 그 길을 보여줄 뿐입니다.

명상하는 사람은 죽음의 사슬에서 스스로 벗어날 것입니다.

－《담마빠다》, XX. 4(276).

chapter 8

값진 선물

모든 것을 파괴하는 홍수에서
자신만이 자신의 섬이 됩니다.
가장 어두운 밤에
자신만이 자신의 등불입니다.

내 삶에서 가장 충격적인 일이 일어나는 동안, 나를 도와주었던 이 수행의 기적에 대해 이야기하고자 합니다.

나는 과부이고, 두 아이가 있었습니다. 어느 일요일 저녁, 아들이 교통사고로 목숨을 잃었다는 전화를 받았습니다. 당시 아들은 서른 살이었습니다. 아들은 내게 가장 좋은 친구였어요. 우리는 담마로, 예술로, 삶의 모든 문제에서 완벽하게 이어져 있었습니다.

충격적인 그 소식을 들었을 때, 나와 딸은 둘 다 온몸이 굳어버렸습니다. 그 순간 가장 먼저 이런 생각이 들더군요. '다 끝났어. 이건 가혹한 아닛짜야. 우리가 할 수 있는 일은 아무것도 없어.' 그 소식을 듣자마자 어마어마한 마음의 고통이 느껴졌습니다. 이것은 곧바로 몸에서 나타났습니다. 부신에서 방출된 독은 만성피로를 앓고 있던 나를 아주 약하게 만들었죠.

첫째 날, 나는 여러 번 울었는데, 그 울음이 몇 초만 지속되는 것을 알아차렸습니다. 마음이 저절로 감각으로 이동했기 때문인 것 같습니다. 옛날에는 몇 시간씩 울곤 했는데 말입니다.

그런데 둘째 날, 놀라운 일이 생겼습니다. 갑자기 강한 평화를 느꼈고 그 사건을 온전히 받아들일 수 있었습니다. 마음이 슬픔 속에서 뒹굴지 않았죠. 마치 여러 날 동안 아나빠나 수행을 마친 것 같았습니다. 스트레스를 받은 후 그런 마음 상태를 경험해 본 적이 없어서 나에게 무슨 일이 일어났는지 이해할 수 없었습니다. 사실 나는 매우 감정적인 사람이었기 때문이죠. 스스로에게 물었습니다. '내가 무감각해졌나? 아니면 무심해졌나?'

수년간 수행하는 동안, 일상생활 속에서 정말 확실한 평정심을 알아차리지는 못했습니다. 하지만 바르고 꾸준한 수행을 통해 잠재의식 속에 평정심이 한 방울씩 축적된 것 같습니다. 충격이 닥쳐온 뒤 갑자기 평정심이 올라와 의식을 채웠던 것 같습니다.

놀라운 일이었어요! 그 사건이 일어난 지 두 달이 지났는데 평정심은 여전합니다. 물론 가끔씩 갑작스러운 기억이 날카로운 칼처럼 내 가슴에 꽂히기도 하지만, 수행 덕분에 마음은 즉시 기억합니다. 들이쉬고 내쉬고 서너 번 호흡하다 보면 오랜 시간 고통을 느끼지 않습니다.

우리는 얼마나 놀라운 도구를 가졌습니까! 이런 마음 상태에 있는 나를 본 사람들은 내가 현실을 부정하거나 울음을 억누르고 있다고 생각합니다. 내가 대단한 위빳사나 명상가임을 보여주기 위해서 그런다고 생각하죠. 하지만 스스로 돌이켜보니, 그런 생각은 전혀 하지 않았습니다.

이런 마음 상태가 삶의 어느 시점에서 명상가들에게 일어나는 흔한 현상이라면, 내 경험은 위빳사나 수행법이 기적을 일으킨다는 진정한 증거입니다. 나는 그것을 전혀 의심하지 않으므로, 그 증거는 나를 위한 것이 아니라 여전히 의심의 눈초리로 보는 사람들을 위한 것입니다.

내 아들은 8년 동안 실라를 잘 지켰습니다. 게다가 한 치의 의심도 없이 담마를 깊이 이해했고, 아주 너그럽고 평정심을 지닌 아이였습니다. 그러한 모든 자질로 인해, 아들이 붓다의 가르침에서 다시 태어나 마음을 계속 정화할 수 있기를 바랍니다.

이번 삶에서 고엔카 선생님을 스승으로 만나 많은 것을 배운 것은 정말 축복이고 영광입니다. 이렇게 귀중한 선물을 주신 고따마 붓다, 대를 이어온 스승들, 그리고 특히 고엔카 선생님에게 깊은 감사를 전합니다.

- 가브리엘라 아이오니타Gabriela Ionita

자식의 죽음

자식의 나이는 중요하지 않습니다. 자식이 죽는다는 것은 헤아릴 수 없는 고통입니다. 그 슬픔이 너무 커서 많은 부모는 서로에게 더 이상 힘을 주지 못하고 생활이 무너지기도 합니다.

슬픔은 매우 깊고 고통스러운 상카라를 만들지만, 명상을 통해 우리는 그것에 대처할 수 있습니다. 일상에서의 수행을 통해 무상을 이해하고 평정심을 계발하면, 수행은 우리의 귀의처, 피난처가 됩니다. 거기서 우리는 균형을 되찾고 계속 나아갈 힘을 얻습니다.

우리의 수행은 감정을 치유하고 마음의 균형을 맞추는 걸 가능하게 합니다. 평정심으로 받아들이면, 마침내 우리의 고통은 사라질 것입니다.

•

머지않아 이 몸은 땅 위에 버려질 것입니다.

마음 또한 어디론가 사라져버릴 것입니다.

썩은 나무 토막보다 쓸모없을 것입니다.

　－《담마빠다》, III. 41.

•

바르지 못한 일을 삼가고,

바른 일을 하며,

마음을 깨끗이 하십시오.

이것이 모든 붓다의 가르침입니다.

　－《담마빠다》, XIV. 5(183).

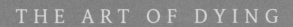

THE ART OF DYING

chapter 9

영원한 감사

늙음, 질병, 죽음,
우리는 이 모든 것을 홀로 맞닥뜨립니다.
많은 사람이 가까이 있고 소중하지만,
아무도 그것들을 우리와 공유할 수 없습니다.

1989년 존 울포드John Wolford가 18살이었을 때, 아버지 칼Carl은 그에게 담마를 선물하였습니다. 그때부터 그가 배우고 수행한 것은 그의 삶을 풍부하게 만들었습니다. 2005년 30대 중반에, 그는 악성 뇌종양을 진단받았어요. 그리고 바로 수술을 했습니다. 병을 처음 알게 된 순간부터 2007년 11월까지, 그는 담마와 관련된 일에 많은 시간을 보냈습니다. 큰 감사의 마음으로 담마를 나눴으며, 자신의 병에 대해서도 감사함을 느꼈습니다.

암은 악화되어 척추로 전이되었고, 결국 존은 세상을 떠났습니다. 하지만 의식불명의 상태가 아니라 의식이 또렷한 상태에서 죽음을 맞이하였습니다. 뇌종양 환자들에게 좀 더 흔히 일어나는 일입니다.

진단 초기에 존은 심각한 증상을 겪지 않았습니다. 뇌종양 환자들에게 흔한 두통이나 다른 증상들을 말기에만 겪었습니다. 대부분의 시간을 에너지가 넘치는 강한 상태로 지냈고, 새롭게 발견한 영적인 탐구에 완전히 몰두할 수 있었습니다.

그는 직장을 그만둔 후, 여러 위빳사나 코스에서 봉사자로 지냈습니다. 그중 하나가 온타리오에 있는 담마 토라나Dhamma Toraṇa에서 미얀마어-영어로 진행된 10일 코스인데, 아내 달리Dhalie와 함께 봉사했습니다. 그가 세상을 떠나기 석 달 전의 일이었습니다. 그는 부엌에서 봉사했는데, 아침마다 복용하는 항암제로 인해 속이 메스꺼워질 때마다 자리를 비워야만 했습니다. 그럼에도 코스에 참여하는 동안, 미얀마를 여행하면서 수집한 이야기와 오디오 파일을 용케 편집해서 코스에 참여한 미얀마 학생들을 위해 담마 자료를 모은 DVD를 만들 수 있었습니다. 그는 매일 밤 10시 소등이 될 때까지 거의 쉬지 않고 일했습니다. 이런 일들과 그가 한 수많은 행동, 사려 깊음, 너그러움, 매사에 감사하는 마음은 그를 알고 있는 모든 사람에게 영향을 미치고 영감을 주었습니다.

다음은 존과 존의 어머니에게 온 편지입니다.

* * *

존경하는 고엔카 선생님

제 이야기에는 여러 측면이 있어 어떻게 말씀드려야 할지 막막합니다. 그리고 선생님께 얼마나 감사하는지를 적절하게 표현할 길이 없습니다.

수년 전, 아버지께서 아서 니콜라스Arthur Nicholas가 진행하는 위빳사나 코스에 저를 처음으로 데려갔습니다. 그 당시 저는 위빳사나에 참가하는 것이 제 삶에서 중요한 일임은 알았지만, 저는 그때 다양한 부분에서 애를 먹고 있었어요. 그러다가 2005년 2월에 갑자기 악성 뇌종양 진단을 받고선 바뀌었습니다. 그때 이후로 제 삶이 달라졌습니다.

처음 진단을 근거로 의사들은 제가 9~12개월 정도밖에 살지 못한다고 했습니다. 물론 이 소식은 매우 충격적이었지만, 퍽 긍정적인 방식으로도 저를 흔들리게 했습니다. 사실 위빳사나로 인해 그때 그 자리에서 고요할 수 있었습니다. 저는 뇌종양으로 죽어간다는 것에 즉각 감사했습니다. 저를 향해 다가오는 차를 발견하고 차가 나를 치기 전까지 그 짧은 순간만을 가지기보다는, 뇌종양 덕에 여러 일을 처리할 시간을 가질 수 있었으니까요.

그 후 몇 개월 동안 의사들은 9~12개월이라고 했던 예측을 수

십 년으로 늘리더니, 다시 7~10년이라고 단축시켰습니다. 저는 최선을 다해 담마를 활용할 시간이 있음에 늘 감사했습니다. 이렇게 값진 도구를 아주 오래전에 받은 것에 또한 감사했습니다.

명상가인 제 아내 달리에게도 감사했습니다. 그 일을 겪으면서 처음에는 혼자라고 생각했습니다. 종양을 가진 사람은 저였으니까요. 그런데 모든 기간 내내 달리는 저와 함께했습니다. 우리는 둘 다 내면적으로 아주 고요하고 평온했는데, 그것이 얼마나 큰 이점인지 바로 깨달았습니다. 그것은 우리 안에 있는 담마를 지지해주고 계발해주며 활용할 기회를 주었습니다. 담마는 우리가 자신을 돕고 서로를 도울 수 있게 계속 힘을 줍니다.

늘 관심은 있었지만 코스에 참여할 시간이 전혀 없었던 어머니가 이제 관심을 보인 것도 감사했습니다. 상상하시겠지만, 악성 종양이 있다는 소식은 누구보다 어머니에게 가장 힘든 일이었습니다. 어머니는 불행에서 벗어날 방법을 절실히 찾고 있었습니다. 다행히 어머니는 훌륭한 결정을 내리셨고, 제가 첫 수술을 받고 몇 주 후에 처음으로 코스에 참가했습니다. 저와 제 아내도 함께하였고, 아버지는 봉사자로 참여했습니다.

그전까진 아내, 아버지, 동생이 모두 코스에 참여하고 봉사도 한다는 데 만족했어요. 일이 어찌됐든 그들 모두 괜찮을 거라고 생각했지만, 어머니에 대해서는 그렇게 말할 수 없었죠. 이제 어머니가 코스에 참여해서 담마의 씨앗을 받는 데 제가 어떤 식으로든 거기에 기여할 수 있어서 기뻤습니다.

그 후 어머니는 두 번 더 10일 코스에 참가했고 사띠빳타나 숫따Satipaṭṭhāna Sutta 코스°도 마쳤습니다. 운이 좋게도 저는 그 모든 코스에서 봉사했습니다. 어머니는 날마다 수행을 했고 담마 관련 책 외에 다른 책은 거의 읽지 않았습니다. 우리는 늘 담마에 관해 이야기를 나누었습니다. 어머니는 스펀지처럼 담마를 빨아들였습니다. 한 번도 "더 이상 받아들일 수 없어"라고 저항하지 않으셨습니다. 그리고 저는 그 일부가 되었습니다.

제가 가입해두었던 의료보험 회사가 재정적으로 지원해줘서 제가 일을 그만둘 수 있었는데, 이에 감사함을 느낍니다. 이제 가족, 친구, 담마와 함께 제 시간을 자유롭게 보낼 수 있습니다. 저는 아내, 어머니와 함께 규칙적으로 명상을 하고 있습니다.

저의 담마 아버지이신 고엔카 선생님, 저는 큰 빚을 졌습니다. 그래서 저는 담마에 봉사함으로써 그 빚을 갚아나가고 있는데, 이 또한 감사할 따름입니다. 저는 좋은 씨앗을 최대한 많이 심고 있습니다. 가능한 한 멀리 그리고 널리 담마를 퍼뜨리고 있습니다.

선생님께서 하고 계신 봉사가 그 역량을 충분히 발휘할 수 있도록 최선을 다해 제 안에 담마를 계발하고 있습니다. 최대한 주

• 위빳사나 10일 코스의 명상법과 규율은 모두 같지만, 저녁 법문에서 《사띠빳타나 숫따(염처경)》를 자세히 풀어 알려줍니다.

의를 기울여 실라를 철저히 지키려고 노력하고 있습니다. 사마디와 빤냐는 실라를 이해하고 강화하는 데 도움을 줍니다. 고엔카 선생님께서 하신 "삼각대의 세 다리는 모두 서로를 지탱한다"라는 말씀이 가슴에 와닿습니다.

이 모든 것은 시간이 흐르면서 알 수 있었습니다. 다시 한번 제가 남기는 모든 것에 정말 감사할 따름입니다. 암은 차도를 보였지만, 최근에 종양이 다시 자라고 있음을 알았습니다. 곧 검사해야 할 것 같습니다. 이 병이 제 삶을 단축시키겠지만, 누가 알겠습니까? 종양이 다시 자라지 않을 수도 있지만, 대신 다른 일로 죽을 수도 있습니다. 어떤 경우든 저는 지금 여기에 있고 감각을 느끼고 있습니다. 저는 최선을 다해 제 자신을 도울 겁니다. 이렇게 말하게 되어서 아주 감사한데, 이 말은 곧 다른 사람들도 돕는다는 뜻도 됩니다.

고엔카 선생님, 담마를 가르쳐주셔서 감사합니다. 담마 덕분에 아버지, 어머니, 동생, 아내, 친구들, 수많은 세상 사람이 자신을 도울 수 있습니다. 이 말은 곧 그들이 수많은 다른 사람을 도울 수 있다는 뜻이기도 합니다.

존

존경하는 고엔카 선생님

담마라는 값진 선물을 통해 제 가족과 제가 얻은 귀한 이로움에 대해 어떻게 감사함을 표할 수 있을까요? 제 삶에서 담마의 힘을 설명해줄 몇 가지 짧은 이야기를 선생님께 보냅니다.

첫 번째 이야기

지난 1월에 서른네 살인 큰아들 존이 악성 뇌종양을 진단받았다는 소식을 듣고 저는 큰 충격과 공포에 휩싸였습니다. 2월에 존은 뇌수술을 받으려고 병원에 입원했습니다. 제가 보였던 반응과는 달리, 존은 용감했고 저항하지 않았습니다. 오히려 예상치 못했던 일 때문에 너무 고통스러워하는 우리에게 존은 연민과 배려를 보여줬습니다.

다섯 시간 정도 걸렸던 수술이 끝나자마자 저는 회복실에서 존을 만났습니다. 제가 던진 첫 질문은 "존, 기분이 어떠니?"였습니다. 존은 눈을 감은 채 미소를 지으며, "감각이 일어나고 사라져요"라고 대답했습니다. 나중에 존에게 이 이야기를 해주었더니, 기억하지 못하더군요. 하지만 존이 말하기를, 수술실에 들어가기 전에 몸의 감각을 관찰하기 시작했고 가능한 한 그 수행을 계속하리라 결심했다 합니다.

제가 겪는 큰 고통은 이런 위기에서 아들을 구할 수 없다는 무력감이었지요. 그러나 담마는 할 수 있음을 저는 배우고 있었습니다. 수행을 통해 아들은 끔찍한 상황을 하나의 도구로, 즉 담마의 길에서 앞으로 나아갈 수 있는 귀중한 선물로 변화시키고 있었습니다.

두 번째 이야기

존의 수술이 끝나고 며칠이 지나 병원에 갔습니다. 아들에게 위빳사나 수행에 대해 물어봤어요. 이런 끔찍한 병 앞에서 아들에게 놀라운 힘을 갖게 한 수행에 대해 알고 싶었습니다. 아들은 자기가 했던 위빳사나 경험을 이야기하면서, 언젠가 제가 참가하는 코스에서 봉사하고 싶다는 소망을 오랫동안 가지고 있었다고 얘기해주더군요.

　예전에, 존과 둘째 아들 다르마Dharma는 제가 코스에 참가하면 이로움을 얻을 거라고 말했었죠. 물론 수년간 저는 늘 너무 바빴습니다. 그런데 갑자기 더 이상 바쁘지 않게 됐어요! 존이 퇴원할 수 있는지도 모르고서, 존이 다음 코스에 가면 저도 그 코스에 가겠다고 약속했습니다. 제가 들어줄 수 있는 작은 소원이었고, 아들에게 힘이 되는 길이기도 했습니다. 제가 얻을 이로움은 생각지도 못했고, 아들이 암을 자유라는 선물로 변화시키고 있는지도 몰랐습니다.

세 번째 이야기

한 달이 지난 후, 저는 존, 존의 아내인 달리, 존의 아버지인 칼과 함께 차를 타고 있었습니다. 그들은 모두 경험 많은 위빳사나 명상가들이었죠. 우리는 워싱턴주의 담마 쿤자Dhamma Kuñja로 가는 중이었지요. 거기서 저는 첫 코스를 했어요. 엄청난 경험이었습니다! 이름조차 붙일 수 없는 것들에 대해 저는 분노와 억울함으로 활활 타올랐습니다. 그래도 어떻게 도망칠 수 있겠습니까? 큰아들이 같은 방에 앉아 있는데, 그리고 커다란 종양이 아들의 뇌를 짓누르고 있는데, 어떻게 달아날 수 있겠습니까?

저는 계속 아들과 함께 머물렀고, 혼란스런 반응이 휘몰아친 후에 틈틈이 제가 배운 수행법을 어떻게든 적용해보려고 노력했습니다. 하지만 생각처럼 잘 되지 않았습니다. 결국 10일 코스의 중반을 지날 즈음이 되자, 이 길은 내게 맞지 않다고 아들에게 어떻게 이야기해야 하나 고민할 지경에 이르렀죠. 그런데 코스가 끝날 무렵에는 얼마나 빨리 또 다른 코스를 할 수 있을지 궁금해졌습니다. 그 후 저는 10일 코스에 두 번 더 참여했고 현재까지 날마다 수행하고 있습니다. 일주일 안에, 브리티시 콜롬비아에 있는 담마 수라비Dhamma Surabhi에서 사띠빳타나 숫따 코스에 참가할 텐데, 존은 그 코스에서 봉사할 예정입니다. 그래서 저도 어떤 식으로나 담마 봉사를 하려고 합니다. 저는 현재 학생들이 코스에 신청서를 내면 접수를 도와주는 온라인 봉사자가 되려고 교

육을 받고 있습니다.

첫 코스를 마치고 난 후부터, 가끔씩 존이 제게 구명밧줄을 던져준 거라는 생각을 합니다. 처음 제가 그 밧줄을 잡았을 때는 한쪽 끝이 지글지글 끓고 타닥타닥 튕기는 살아 있는 전선처럼 느껴졌습니다. 하지만 집으로 돌아와보니, 제 삶이 여러 측면에서 좋은 쪽으로 변화됐다는 것을 알아차렸습니다. 가족과 친구들도 제가 좋은 방향으로 달라졌다고 이야기해주었습니다. 더 중요한 것은, 이제 저는 흘러갈 수밖에 없는 삶의 귀중한 순간들을 모든 사람과 나눌 수 있으며, 걱정과 불안, 두려움에 사로잡히지 않은 채 고통을 마주할 수 있다는 거예요.

고엔카 선생님, 이러한 모든 이로움이 첫 번째 코스를 하고 난 후에 일어난 내면의 변화 덕분입니다! 가족과도 사이가 더 좋아졌습니다. 운 좋게도 저는 존, 달리와 함께 자주 명상을 하고 담마에 관한 대화를 즐깁니다. 그들의 명상 수행과 자비심에서 저는 늘 영감을 받습니다.

존이 자기 시간을 최대한으로 활용하는 것을 보니 큰 위안이 됩니다. 존은 직장에서 자유로워졌기 때문에 날마다 담마를 전파하고 있습니다. 의사들은 아들의 종양이 다시 자랄지도 모른다고 하더군요. 그러나 존은 건강이 허락한다면, 아내와 함께 인도로 여행 갈 거라고 합니다. 달리가 11월에 담마 기리에서 선생님 자가 코스에 참여할 예정이기 때문입니다. 존은 같은 코스에 봉사대기자로 있는 상태입니다. 저는 1월에 남편과 함께 미얀마로 가서 그들과 합류하려고 합니다. 우리는 여러 곳의 위빳사나 센터를 방문하여 코스에 참여할 것입니다. 밴쿠버로 돌아가기 전인 1월 말에 담마 기리에서 진행되는 10일 코스에 참가하기로 되어 있어요. 이제 어떻게 되어갈지 지켜볼 일만 남았습니다. 그 모든 것에도 불구하고, 제 삶이 상상했던 것 이상으로 좋아졌다는 것만은 확실합니다.

저의 무지를 없애고 갈망과 혐오라는 습관을 극복하려면 갈 길이 멀다는 것을 잘 알고 있습니다. 그 모든 이로움에도 불구하고, 존이 암에 걸렸고 의사들이 존을 위해 할 수 있는 일이 아무것도 남아 있지 않았다는 사실을 포함하여, 삶의 어떤 면에 대해서는 여전히 평정심을 지키지 못하고 있습니다. 이렇게 요동치는 바다에서, 담마를 제 삶의 뗏목으로 의지할 뿐입니다. 저는 노를 저어 앞으로 나아가기 위해 모든 노력을 다할 것입니다.

제가 갈망과 혐오와 고통에서 자유로워지기를!

모든 존재가 갈망과 혐오와 고통에서 자유로워지기를!

모든 존재가 행복하기를!

로리 캠벨Laurie Campbell

(3년 후)

친애하는 버지니아 선생님

제가 고엔카 선생님께 보낸 편지를 공유할 수 있어 기쁩니다. 그 편지를 아들 존에게 대신 보내달라고 한 지 얼마 지나, 그 편지를 소식지나 다른 지면에 실어도 되는지 존이 묻더군요. 저는 기꺼이 동의했어요. 그 편지가 다른 누군가를 도울 수 있다면 행복할 것입니다. 존의 편지도 함께 동봉합니다.

존이 젊은 학생이었을 때의 이야기를 공유해주셔서 감사합니다. 그 이야기가 미소 짓게 하더군요.

들려드릴 이야기가 하나 더 있습니다. 마지막으로 존이 입원했을 때, 문득 존이 다시 집으로 돌아가지 못할 것이라는 생각이 들었습니다. 2007년 11월 초였지요. 어느 날 존에게 했던 말을 기억합니다. 존이 제 생일에 죽는다면, 그 후로 생일이 돌아올 때마다 제 마음속에서 존을 위한 촛불을 켜겠다고 말했습니다. 돌이켜 생각해보면, 참으로 기괴하고 무시무시한 말을 했던 것 같습니다. 제가 왜 그런 말을 했는지 모르겠습니다.

존은 저의 59번째 생일인 11월 20일에 세상을 떠났습니다. 그의 죽음은 제게 주는 마지막 선물이라고 느껴지더군요. 저는 저보다 아들이 오래 살 수 있다면 무슨 일이든 했을 것입니다. 저는 제 자신을 너무 잘 알고 있습니다. 그러나 전 그런 일이 일어나게

끔 할 만한 위치에 있지도, 아들에게 가장 좋은 일이 무엇인지 결정할 만한 능력도 없습니다. 사실 제가 결정할 수 있는 것은 아무것도 없습니다.

존이 세상과 작별하던 그날, 존의 죽음이 제게 주는 매우 특별한 선물이자 메시지는 아닌가 하는 생각이 들었습니다. 마지막 며칠과 몇 주는 존에게 견딜 수 없는 고통스러운 날들이었고, 마침내 죽음으로 인해 그 고통에서 벗어났지요. 그 후로 제 생일이 다가오면, 존의 놀라울 정도의 관대함과 불가피한 죽음을 바라보는 제 시각에 대해 곰곰이 생각합니다. 죽음이 언제 오든, 존은 제가 좀 더 쉽게 내려놓을 수 있도록 해주었습니다. 그러면서 아닛짜에 대한 저의 이해가 매우 깊어졌지요.

뇌종양이 있다고 알게 된 순간부터 죽음에 이르기까지, 존의 성장과 발달은 더 빨라졌습니다. 존의 날카로웠던 부분들이 사라지는 것을 보고는 놀랐습니다. 누구를 만나든 자비와 연민의 힘을 자유롭게 주고받는 존을 지켜보는 일은 즐거웠습니다. 마지막에 존은 에고가 사라져 존재의 본질인 사랑을 온전히 발산하였는데, 그것을 지켜보는 일은 정말 영광스러울 정도였지요. 존을 변화하게 만든 것은 위빳사나 명상이었습니다. 여기엔 의심의 여지가 없습니다. 존은 삶의 기술에서 집중 훈련 코스를 밟았고 성공적으로 잘 해냈습니다.

존이 아버지로부터 담마를 선물 받은 것은 참으로 행운이었습니다. 아버지의 영향력이 없었다면, 존이 그의 삶 속에서 꽃피운 기적을 아무도 볼 수 없었을 것입니다. 두 아들을 담마로 인도한 칼에게 마음으로 큰 빚을 졌습니다. 평생 감사의 빚을 지고 가겠지만, 그가 제게 말했듯이, 그 빚의 진동은 퍼지고 퍼져, 그 길을 함께하며 존을 도왔던 모든 사람, 과거 스승들과 제자들, 붓다에 게까지 이를 것입니다.

놀라운 여정이었습니다. 고통스러웠지만 사랑과 연민이라는 선물이 가득했습니다. 정말 많은 것이 제게로 왔습니다. 존에게 감명받은 많은 이의 자비가 결국 제게까지 오더군요.

존의 기일이 다가오면 끔찍한 상실의 아픔이 느껴집니다. 간신히 묻어두었던 슬픔이 되살아나지요. 상황을 파악하는 지성을 활용하는 데 아무리 능숙하더라도, 잘 통합된 지식을 갖고 있으면서도, 존의 죽음이라는 가혹한 사실은 여전히 말로 표현할 수 없을 만큼 슬픕니다. 그때마다 저는 평정심을 잃습니다. 제가 할 수 있는 최선은 고통과 마주하면서, 다루기 힘든 제 집착에 연민을 적용하기 위해 노력하는 것뿐이지요. 저는 그 슬픔이 저와, 제가 원하는 것과, 제가 바라는 우주의 질서와 관련 있음을 알고 있습니다. 제 아들이 삶의 고통에서 벗어났다고 슬퍼해야 하는 걸까요? 흔한 쇠붙이를 금으로 바꾸는 데 성공했다고 슬퍼해야 하는 걸까요? 존이 사랑 속에서 성장해 그 사랑이 남아 있을 때까지 계속 성장했다고 제가 슬퍼해야 할까요?

제 아이들을 생각하면 놀랍기까지 합니다. 제 자식들이 여러 면에서 스승이었더군요. 제 인생에서 그들을 자식으로 둔 것에 감사합니다. 존이 떠난 지 3년이 지났지만, 여러 면에서 그 아이는 여전히 저와 함께 있고, 제게 영향을 미치고 있으며, 저를 이끌고 있습니다. 저는 정말 운이 좋은 엄마입니다.

로리

암바빨리

붓다의 시대에 살았던 암바빨리Ambapāli는 아름답기로 유명한 창녀였습니다. 그녀에게는 아들이 하나 있었는데, 붓다의 승단에서 뛰어난 빅쿠bhikkhu(남자 스님)가 되었습니다. 하루는 그녀의 아들이 담마에 관해 법문하는 것을 듣고 그 진리에 영감을 얻어 세상을 버리고 빅쿠니bhikkhunī(여자 스님)가 되었습니다. 그녀는 한때 아름다웠던 자신의 몸이 시들어감을 관찰하며 아닛짜를 완전히 이해하고 아라한이 되었습니다.

그녀가 쓴 시는 나이가 들어 몸에 일어난 변화를 묘사합니다.

내 머리카락은 벌의 빛깔처럼 검고 곱슬거렸다.

이제는 늙어서 머리카락이 거친 삼베처럼 되었다.

변하지 않는 것은 진리를 말하는 자의 말씀이다.

내 머리는 꽃으로 뒤덮인 바구니처럼 향기로웠다.

이제는 늙어서 짐승 같은 냄새가 난다.

변하지 않는 것은 진리를 말하는 자의 말씀이다.

내 눈썹은 화가가 그린 초승달처럼 아름다웠다.

이제는 늙어서 아래로 처지고 주름이 졌다.

변하지 않는 것은 진리를 말하는 자의 말씀이다.

내 눈은 아름다고 푸른 보석처럼 빛났다.

이제는 늙어서 더 이상 빛나지 않는다.

변하지 않는 것은 진리를 말하는 자의 말씀이다.

내 이는 갓 돋아난 파초 잎의 빛깔처럼 아름다웠다.

이제는 늙어서 부러지고 누렇다.

변하지 않는 것은 진리를 말하는 자의 말씀이다.

내 가슴은 봉긋하고 둥글고 단단하고 높았다.

이제는 늙어서 빈 물주머니처럼 늘어지고 처졌다.

변하지 않는 것은 진리를 말하는 자의 말씀이다.

내 몸은 잘 닦인 금박지처럼 빛났다.

이제는 늙어서 모두 주름으로 덮여 있다.

변하지 않는 것은 진리를 말하는 자의 말씀이다.

내 발은 솜털로 만든 것처럼 아름다웠다.

이제는 늙어서 온통 주름지고 갈라졌다.

변하지 않는 것은 진리를 말하는 자의 말씀이다.

이와 같이 노쇠하여, 이 몸은 이제 고통의 집이다.

희반죽이 모두 떨어져나간 낡은 집이다.

변하지 않는 것은 진리를 말하는 자의 말씀이다.

—《테리가타Therīgāthā(장로니게경)》, XIII. 252~270.

●

혼자서도 악을 행합니다.

혼자서도 자신을 더럽힙니다.

혼자서도 악을 행하지 않습니다.

혼자서도 자신을 정화합니다.

순수함과 불순함은 자신에게 달려 있습니다.

아무도 다른 사람을 정화시킬 수 없습니다.

  -《담마빠다》, XII. 165.

●

이 두 발 달린 더러운 몸은 악취를 풍기고

여러 곳에서 쏟아져 나오는 불순물로 가득합니다.

이런 몸으로 자신을 높이 평가하며

다른 사람들을 얕잡아 본다면,

이것이 무지가 아니고 무엇입니까?

  -《숫따니빠따》, 1. 207~208.

죽음을 앞둔 사람 보살피기

Q 어떤 사람이 음식이나 치료를 거부한다고 가정합시다. 이러면 자살로 간주됩니까?

A 상황에 따라 다릅니다. 일찍 죽을 의도로 음식을 거부한다면, 그것은 잘못된 것이지요. 하지만 음식이나 약을 중단하며 "내가 평화롭게 죽게 그냥 두세요. 나를 방해하지 마세요"라고 한다면, 그건 다릅니다. 모두 의도에 달려 있습니다. 그 의도가 빨리 죽는 것이라면 잘못되었습니다. 그 의도가 평화롭게 죽는 것이라면 전혀 다른 얘기입니다.

Q 의사들이 의학적으로 더 이상 할 수 있는 일이 없다고 판단하면, 보통 환자들은 집에 돌아와서 익숙한 환경에서 평화롭게 죽을 수 있도록 간호를 받습니다. 이때 진통제, 간병, 편한 공간 등을 제공하는 것은 어떻습니까?

A 아주 좋습니다! 인간적인 방법입니다. 더 이상 치료법이 없다면 안락하고 편한 집으로 옮기는 게 낫습니다. 담마의 분위기를 만드세요. 평화롭고 편안하게 죽게 하십시오.

붓다는 고통을 가르치지 않았습니다.
붓다는 행복으로 가는 길을 가르쳤습니다.
여러분은 흔들림 없이 부단한 노력으로 수행해야 합니다.
여러분의 팔다리가 아프더라도 포기하지 마세요.
과거의 현자들이 똑같은 길을 걸었음을 아십시오.

— 웨부 사야도

chapter 10

오직 사랑으로 가득한 죽음

지혜가 일어나서 강해지기를.
당신 존재를 통해 퍼져나가기를.
모든 존재에 생기를 불어넣고 마음을 정화하기를.

2002년에 테렐 존스Terrell Jones는 버지니아 쿠퍼 힐에 있는 그의 집에서 암으로 죽었습니다. 8년 전 그는 위빳사나를 알게 되었고, 그에 이어서 아내 다이앤Diane도 코스에 참가하였습니다. 둘은 진지한 명상가가 되어 최대한 많이 명상하고 봉사하였습니다.

그는 죽음에 임박한 것을 알고도 봉사를 그만두지 않았습니다. 죽기 몇 주 전에도 그와 다이앤은 근처에 있는 비정규 센터에서 접수자로 봉사했습니다.

테렐이 죽기 2주 전, 다이앤은 12시간을 운전하여 매사추세츠에 있는 담마 다라Dhamma Dharā 위빳사나 명상 센터에 테렐을 데려다주었습니다. 고엔카 선생님과 그의 부인 마타지가 그곳을 방문하고 있었지요. 그들은 두 분에게 경의를 표하고 담마를 선물해준 것에 대해 감사드렸습니다. 그곳에서 테렐은 모든 사람에게 영감을 주었습니다. 그에게는 두려움도 후회도 없었고, 오직 기쁨과 감사함만 있었습니다.

테렐은 그의 죽음뿐만 아니라 30년 동안 함께했던 그의 사랑을 잃는다는 사실을 받아들일 시간이 10주밖에 없었습니다. 그리고 아내를 돕고 위로할 수 없다는 사실에도 직면했습니다.

남편의 생명이 꺼져가는 것을 지켜보는 다이앤에게도 30년 동안 함께한 남편의 죽음에 대처하는 법을 배우는 데 똑같이 10주의 시간이 남아 있었습니다. 마음에서는 날마다 그의 죽음에 직면했습니다.

테렐과 다이앤은 늘 서로의 애착을 약화시킬 방법을 찾고자 했습니다. 살아남은 사람이 상실의 슬픔을 덜 겪도록 말입니다. 그들은 위빳사나가 그 길임을 알았습니다.

그들은 날마다 함께, 때로는 오랜 시간 동안 명상을 했습니다. 그들은 예정된 이별의 슬픔 속에서 감각에 대한 알아차림을 유지했고, 가능한 한 평정심으로 슬픔과 두려움을 지켜보았습니다. 죽음이 다가올 무렵 그들의 간절한 소망은 죽음의 순간에 마음이 평화롭고 완전한 평정심으로 강하게 감각을 알아차리는 것이었습니다. 결국 그 소원이 이루어졌습니다.

매사추세츠에 있는 동안 테렐과 다이앤은 기쁘게 인터뷰에 응했고, 그들의 삶과 임박한 죽음에 대한 생각과 감정을 나누기로 했습니다.

테렐　제가 암에 걸렸잖아요. 의사들은 치료할 확률이 매우 낮다고 합니다. 하지만 그건 숫자놀이일 뿐입니다. 실제로 다이앤과 나는 행복합니다. 이상하게 들리겠지만, 암은 우리에게 선물입니다. 일상생활에서 이전에는 몰랐던 많은 것을 보았기 때문입니다. 날마다 우리는 많은 것에 고마움을 느낍니다. 과거에는 그것들을 당연하게 받아들였죠. 우리를 사랑하는 친구들한테 특히 더 그랬지요. 그들의 사랑을 거의 알아차리지 못했습니다. 이제는 더 이상 당연하게 여기지 않습니다. 우리는 항상 우리가 가진 것에 대해 운이 좋다고 느낍니다.

Q　두려우세요?

테렐　아니요. 두렵지 않아요. 뭐가 두렵겠어요? 나는 30일 이내에 죽을 수도 있고, 30년 동안 죽지 않을 수도 있어요. 30년을 더 산다 하더라도 지금보다 죽을 준비가 더 잘 되어 있지는 않을 거예요. 그때도 지금 겪고 있는 일을 그대로 겪을 겁니다. 이 순간 그것을 이겨낼 확률이 반반입니다. 살아남거나 죽거나, 반반입니다.

　죽음은 절대 피할 수 없습니다. 우리는 모두 언젠가 죽을 것입니다. 의사에게 선고를 받지 않은 사람들은 어디에나 있습니다. 하지만 그들은 바빠요. 그들은 매 순간 죽음에 대해 생각하면서 앉아 있지 않습니다. 반면에 나는 생각할 게 많이 없습니다. 그래서 나의 초점은 아마도 그들보다는 좀 더 예리할 겁니다.

Q   어떻게 위빳사나를 알게 되었나요?

테렐   어느 날 밤 친구와 대화하다가, 나는 사람들과 관계 문제가 있다고 털어놨어요. 누구하고도 대화할 수 없다고 고백했죠. 그러자 친구는 "나 이 코스에 한 번 참가한 적 있는데, 이게 너한테 도움이 될지 모르겠어"라고 하더군요. 그 친구는 수행을 계속하진 않았지만, 놀랍게도 코스에 대해 궁금해하는 사람들을 위한 작은 안내책자 두 권을 갖고 있었어요.

안내책자를 읽고 나니 바로 가고 싶더군요. 기부를 바탕으로 운영되는 코스가 아니었다면, 가지 않았을 겁니다. 여러 단체를 겪어본 결과 매우 회의적이었기 때문이죠. 일단 한 단체에 들어가고 나서 좀 더 깊게 들여다보면, 항상 어느 곳에서 상업성을 발견하곤 했어요. 하지만 무료로 위빳사나 코스를 제공하는 것을 보고, 이 단체는 다르다는 걸 알았죠. 그 두 권의 안내책자를 읽은지 6주 만에 나는 여기 센터에 왔습니다.

10일 코스를 마치고 집으로 돌아왔을 때, 그전에 겪었던 모든 문제를 다시 떠올렸습니다. 놀랍게도 그것들은 사라지고 없었습니다. 가족이나 친구들에 대한 특정한 생각들에 대한 반응도 모두 사라졌습니다. 대신 내가 가진 것에 대한 알아차림과 그동안 나에 대해 참을 만큼 참았던 사람들에 대한 감사함으로 가득 찼어요. 또 다이앤에게 전화를 걸어 내가 얼마나 사랑하는지 말하고, 한 번만 더 기회를 달라고 애원하고 싶었죠. 결국 모든 일이 잘 풀렸습니다. 얼마 후 그녀도 코스에 참가했고, 그때부터 우리는 함께 수행을 하고 있어요. 1년에 몇 번, 여러 코스에 참여하고 있습니다. 우리의 이해심은 깊어졌고, 우리가 가진 다양한 문제에 대한 해결책은 정화라는 것을 알았습니다.

우린 늘 서로를 사랑했기에, 우리의 목표는 위빳사나에서 충분한 지혜를 얻어 우리 둘 중 하나가 죽을 때 다른 하나가 무너지지 않고 그 죽음을 헤쳐나가는 것이었어요. 운 좋게도 우리는 그 목표를 이뤘습니다. 우리는 몰랐지요. 둘 중 하나가 죽음을 맞이할 때 우리가 어떻게 반응할지 전혀 몰랐습니다. 내가 말기 암 선고를 받았을 때, 죽음에 대한 완전히 새로운 이해가 우리 마음 깊은 차원에서 일어났음을 알게 되었습니다. 무의식 차원에서 뭔가가 사라졌어요. 위빳사나를 수행해서 정화된 것이지요.

우리가 지금 죽음을 맞이하고 있는 이 경험을 딱히 뭐라 설명할 수 없습니다. 더 이상 여기에 존재하지 않는 것을 말로 표현할 수 없습니다. 죽는다는 생각에 두려움으로 반응했던 것은 더 이상 존재하지 않았습니다. 수년간의 명상이 오랜 세월 동안 그것을 제거해왔고, 결국 문제의 근원을 잘라버렸다는 것 외에 달리 설명할 길이 없습니다.

Q   다이앤, 테렐이 몹시 고통스러워할 때 당신은 자신과 자신의 감각에 어떻게 대처합니까? 고통을 덜어줄 수 없는 상황에 어떻게 대응하세요? 심리적으로 돕나요?

다이앤   암 때문에 테렐은 종종 많이 힘들어합니다. 그를 사랑하는 만큼 그를 돕고 싶죠. 하지만 내가 도울 수 없는 경우가 많습니다. 나는 그의 자세가 좀 더 편해지도록 애쓰고 약 등을 챙겨주지만, 도움이 안 될 때가 많습니다. '이런, 또 내가 뭘 할 수 있을까'라고 느낄 때가 있습니다.

사실 육체적인 고통에 대해서는 그렇게 많은 걸 도울 수 없습니다. 그가 통증을 느낄 때, 나는 명상을 권합니다. 내가 "테렐, 우리 호흡에 집중해요. 감각에 집중해요"라고 말하면, 그는 그의 통증에, 나는 내 감각에 집중합니다.

내 고통은 그를 도울 수 없다는 무력감의 고통이지만, 그것은 늘 변합니다. 아닛짜이죠. 순간순간 바뀝니다. 그를 도울 수 없을 때 내면에서 힘이 나옵니다. 그 힘은 수년간의 수행과 이 순간 일어나는 일을 알아차리고, 그것에 평정심을 유지하는 데서 나옵니다. 균형 잡힌 마음을 갖고 아닛짜를 알아차리는 데서 나오지요.

그런 때가 오면 나는 호흡에 집중합니다. 그곳에서 고엔카 선생님이 말하는 '작은 화산'이 올라오기 때문입니다. 나는 작은 화산들이 다가오면 호흡과 감각에 집중합니다. 때로는 눈물이 나기도 하는데, 그때 얼굴이 타는 듯한 감각을 느낍니다. 나는 그것에 집중합니다. 눈물이 떨어지는 것에 집중합니다. 목이 매이는 것에 집중해요. 내 몸 전체에 걸친 감각을 느끼면 불편함이 누그러집니다. 이것이 효과가 있다는 걸 테렐에게 보여줍니다. 그러면 그가 더 집중합니다. 동반자 관계이지요. 그렇게 양방향으로 작용합니다. 내가 불편하게 있을 때, 그도 똑같이 합니다.

Q   많은 사람이 당신의 상황이 더 힘들다고 생각할 거예요. 당신은 남겨지기 때문이죠.

다이앤 알아요. 나도 항상 그런 말을 들어요. 그렇지만 우리가 전에 말했듯이, 우리는 수행을 통해 힘을 받고 아닛짜를 이해하게 되지요. 그가 죽을지라도 나에겐 수행의 힘, 위빳사나, 멧따, 사랑의 힘이 있을 겁니다. 수년간 우리를 응원해준 모든 사람과 수행이 내게 힘을 줍니다. 그를 통해 위빳사나가 내 삶에 들어온 것에 감사를 느낍니다. 우리는 언어를 넘어선 이해와 함께 성장했어요. 그 감사함은 이루 표현할 수 없죠.

우리는 날마다 함께 명상을 했습니다. 절대로 흔들리지 않았습니다. 명상은 우리 삶의 중요한 부분이었습니다. 나이가 들면서 봉사의 중요성 또한 느끼게 되었습니다. 몇 년 전에 우리는 남은 인생을 봉사하며 살기로 결정했습니다. 그것은 담마를 전파하는 데 도움이 될 뿐만 아니라, 우리의 수행을 강화하는 데도 도움이 되기 때문입니다. 우리가 일상생활에서 하는 수행과 봉사는 강합니다.

Q   테렐, 봉사에 대해 얘기해줄래요?

테렐   봉사는 위빳사나 코스에서 앉아 있는 것만큼이나 훌륭합니다. 봉사는 그 자체로 또 다른 코스입니다. 작년에 처음 20일 코스에서 봉사를 했습니다. 내가 위빳사나 코스에서 받은 것을 다른 사람들에게도 나누어주고 싶었기 때문입니다. 다른 사람들을 위해 하는 봉사는 행복감과 만족감을 줍니다. 봉사는 내 시간을 써서 다른 사람들이 위빳사나 수행을 할 수 있게 돕는 것이지만, 봉사자가 받는 선물도 그만큼 가치가 있습니다. 어쩌면 더 가치 있을지 모릅니다. 수많은 명상가를 내다보며 내가 그 코스의 일부가 된다는 것, 정말 멋지지 않습니까! 거기 있는 모든 사람, 지도 선생님부터 화장실을 청소하는 사람까지 모두 필요하고 소중합니다. 다른 이보다 더 많은 훈련이 필요한 이들도 있지만, 봉사자 없이는 코스를 진행할 수 없습니다.

Q   삶을 위해 싸우는 것과 의학적인 진단을 차분히 받아들이는 것 사이에서 어떻게 마음의 균형을 유지합니까?

테렐   나는 내가 말기 암에 걸린 상태를 잘 알고 있습니다. 나는 내가 말기 암에 걸릴 거라곤 한 번도 생각해본 적이 없어요. 진단을 받고 나서, 정말 많은 의학 문헌과 대체 의학 서적을 읽고, 효과가 있다거나 도움이 되었다고 하는 무수한 방법을 시도해봤어요. 하지만 집착하지는 않습니다. 죽는 게 두렵지 않으니까요.

지금 죽으나, 지금으로부터 10년 후, 혹은 20년 후, 아니면 30년 후에 죽으나, 언젠간 죽을 겁니다. 내가 죽는다는 사실은 피할 방법이 없습니다. 그래서 뭔가가 효과가 있어야 한다고 간절히 바라지 않습니다. 이제 그렇게 할 필요가 없습니다. 물론 효과가 있으면 좋겠지요. 다이앤과 내가 명상하고 봉사할 시간이 더 많아지니까요. 효과가 없어도 괜찮습니다. 우리는 담마를 배우며 멋진 시간을 함께 보냈습니다. 이런 훌륭한 일들이 모두 우리에게 일어났습니다. 감사한 마음이 가득합니다. 무슨 일이 일어나든 우리는 행복할 겁니다.

테렐이 죽은 지 한 달 후에, 다이앤이 매사추세츠에 명상을 하러 왔습니다. 그녀는 그의 죽음과 죽음에 이르기까지의 시간을 얘기해주었습니다.

다이앤 그날 아침에 우리는 일어나서 명상을 했어요. 명상 후 한쪽에서 친구와 통화하고 있는데, 테렐이 "다이앤, 지금 여기로 와 줘"라고 하더군요. 전화를 끊고 그에게 갔을 때, 그는 "시간이 되었어"라고 말했습니다.

우린 이야기를 나눴는데, 그는 "내가 제대로 하고 있는지 살펴 봐줘. 내가 제대로 하고 있는 거야?"라고 묻더군요. 나는 그를 안심시켰어요. "당신은 잘하고 있어요."

그는 잘 알아차리고 있었고, 빛을 발하기 시작했습니다. 그의 피부색이 빛났어요! 나와 함께 있었던 친구도 그를 보더니 "테렐이 빛나고 있어"라고 말했죠. 그는 사랑과 연민으로 가득 찼고, 담마는 그저… 완전히 그 안에 있었습니다.

그는 제게 말했습니다. "괜찮아, 여보. 당신은 괜찮을 거야." 그는 두려움이 없었습니다. 그는 주위의 모든 것을 알아차리고 있었습니다. 그는 나를 쳐다봤습니다. "여보, 점점 앞이 안 보여. 이제 가야 해." 그는 내가 키스할 수 있도록 입술을 오므렸고, 나는 그에게 입을 맞추었지요.

그 순간, 그게 내가 할 수 있는 전부였어요. 내게 담마라는 훌륭한 선물을 준 그에게 감사하는 것 말입니다. 그를 보내는 것이 정말 어렵지는 않았어요. 담마가 온전히 거기 있었기 때문입니다. 나에게는 집착이 없었습니다.

그는 죽기 전에 챈팅을 하기 시작했어요. 그의 숨은 평온했어요. 그것은 온 세상을 사랑과 연민으로 가득 채운, 아주 고요하고 아름다운 숨이었습니다. 나는 '내'가 아니었습니다. 거기에는 '나' '내 것'이 없었습니다. 그 순간은 너무나 순수했습니다. 나는 완전히 담마에 들어갔습니다.

예전에 우리는 서로를 매우 애착했고 그게 우리에게 좋지 않다는 것을 알았습니다. 그것을 극복할 길을 위빳사나가 보여주리라고 기대했었죠. 마지막 순간에 그것이 정말 효과가 있을지 궁금했는데, 과연 그랬습니다. 나의 사랑이자 가장 친한 친구이자 멘토를 잃고 있었지만, 나는 그에게 매달리거나 집착하지 않았습니다. 생각조차 하지 않았습니다. 단지 그렇게 일이 벌어졌을 뿐입니다. 그와 함께하고, 위빳사나를 함께 경험하고, 그의 마지막 순간을 함께한 것은 기쁨일 뿐 아니라 영광이었습니다. 설명하기 어렵지만, 나는 기쁨으로 가득 찼습니다.

그가 마지막 숨을 거두었을 때 어떤 에너지가 나를 관통했는데, 그건 정말로 설명하기 힘들어요. 그건 좋은 에너지였어요. 위안이 되었고, 그 순간 그가 세상을 떠났다는 걸 알았습니다.

그때 뭔가가 분명해졌고, 난 마침내 깨달았습니다. 9년간 명상을 수행하며 감각을 알아차리고 평정심을 유지했는데, 그 자체가 바로 아닛짜였습니다. 바로 그것이었죠.

내 마음이 활짝 열렸어요. 나는 다이앤이 아니었습니다. 나는 그것의 무상함, 아닛짜를 완전히 이해하며 온전히 현재의 순간에 있었습니다. 나는 모든 것에 집착이 없었고, 그가 내게 '이 순간의 이해'라는 선물을 준 것에 감사함으로 가득 찼습니다. 그 경험은 영원히 나와 함께 있을 것이며, 그것을 다른 사람들과 나눌 수 있기를 바랍니다.

테렐이 마지막 숨을 거둔 후에 눈물은 흘렸지만, 슬픔은 없었습니다. 단지 벅찬 사랑이 있었어요. 설명하기 어렵습니다. 흔히 사람들은 사랑하는 사람이 죽으면 완전히 이성을 잃는다고 생각하기 때문이지요. 하지만 나는 정말 멧따로 가득 찼습니다.

그가 죽은 지 몇 시간 후, 사람들은 그의 시신을 장례식장에 옮겼습니다. 나는 혼자 거실의 흔들의자에 앉아 있었습니다. 그의 보물들을 모두 둘러보며, 그가 가져간 유일한 보물은 담마뿐이었음을 깨달았습니다.

한동안 나는 어떤 일에 대한 결정을 내릴 수가 없었어요. 뭘 하려다가 마치 그를 기다리는 것처럼 그냥 거기 서 있었어요. 우린 작은 것들까지도 늘 함께 결정을 내렸기 때문이죠. 이것은 오랫동안 누군가와 함께 있었을 때 생기는 그리움입니다. 아주 대응하기 힘든 공허감이죠.

그의 죽음 후 눈물과 슬픔의 순간들이 있었어요. 나는 그가 그립지만, 나는 수행법을 알고 있기 때문에 자리에 앉습니다. 앉아서 호흡에 집중합니다. 내 볼이 눈물에 젖어도 호흡에 집중합니다. 외로움, 슬픔, 공허함, 가슴의 통증을 관찰하며 나에 대한 안쓰러움을 느낍니다. 그저 관찰하고, 그대로 내버려둡니다.

70년이 지났습니다

나는 70번의 가을을 보았습니다. 삶이 얼마나 남았는지 누가 알겠습니까? 남은 날을 어떻게 잘 사용할까요? 이 알아차림이 유지되기를 바랍니다.

이런 때 붓다의 좋은 말씀이 떠오릅니다. 인도 북부 도시 사왓티 근처에 있는 제따와나Jetavana의 아나타삔디까Anāthapiṇḍika 승원(기수급고독원)˚에서 말씀하신 내용입니다. 어느 날 밤 데와

˚ '제따 태자의 숲에 아나타삔디까 장자가 세운 승원'이란 뜻입니다. 제따와나는 '제따의 숲'이란 뜻으로, 제따는 코살라왕국의 태자였습니다. 아나타삔디까는 '외로운 이를 돕는 자'라는 뜻으로, 많은 사람을 돕기 위해 기부를 많이 했던 수닷따Sudatta 장자의 별칭입니다. 수닷따 장자는 제따 소유의 숲에 붓다를 모시기 위한 승원을 만들고 싶어 했습니다. 이에 못마땅했던 제따 태자는 승원을 지으려면 부지의 면적만큼 황금을 깔라는 터무니없는 요구를 했습니다. 하

뿟따devaputta가 붓다를 만나러 왔습니다. 그는 네 줄로 된 가타gāthā(게송)로 붓다에게 그의 생각을 표현했습니다.

시간이 흐르고 밤이 지나고 있습니다.
삶은 차츰 끝을 향해 가고 있습니다.
다가오는 죽음에 대한 두려움을 관찰하며
유쾌한 결실을 가져오는 공덕을 지어야 합니다.

누군가 말했습니다. "아침이 오면 반드시 저녁이 옵니다. 마찬가지로 삶의 시작이 있으면 반드시 삶의 끝이 있습니다." 그러니 이렇게 값진 삶을 헛되이 끝나게 하지 마세요. 다가오는 죽음이 두렵더라도, 유쾌한 결실을 가져오는 공덕을 지으세요. 건전한 행동을 하면 행복이 올 것이고, 불건전한 행동을 하면 고통이 올 것입니다. 이는 깰 수 없는 자연의 법칙입니다. 그러니 고통을 피하고 행복을 누리려면 건전한 행위를 해야 합니다.

늘 변화하는 존재의 바퀴 아래서 우리가 얼마나 오래 짓눌려 있었는지 모릅니다. 이 삶에서 세속적인 행복과 불행의 이 바퀴

지만 수닷따 장자는 전 재산을 쏟아부어 황금을 깔기 시작했고, 그 모습을 보고 감동한 제따 태자는 그를 도와 승원을 완성하였습니다.

가 얼마나 큰지도 모르고, 앞으로 얼마나 오랫동안 계속될지도 모릅니다.

붓다는 존재의 바퀴로부터 완전한 자유로 가는 간단하고 직접적인 길을 발견하였고, 누구나 쉽게 다가갈 수 있도록 만들었습니다. 그는 사람들에게 자유를 주는 위빳사나 수행법을 가르쳤습니다. 위빳사나를 수행하면 존재의 바퀴에서 스스로 벗어날 수 있고, 영원불변한 궁극적인 행복, 즉 세상의 모든 쾌락보다 훨씬 뛰어난 닙바나의 평화를 얻습니다.

세속적인 쾌락을 부주의하게 좇는 습관을 깰 때만 이런 자유가 가능합니다. 이것이 위빳사나가 우리에게 주는 능력입니다. 무의식에 깊이 깔려 있는 갈망과 혐오의 상카라를 늘리는 습관을 깨부수어야 합니다. 즐거움에 대한 갈망과 고통에 대한 혐오의 상카라를 파내야 합니다. 맹목적인 반응의 오랜 습관을 뿌리째 뽑아내야 합니다.

감각적 쾌락에 대한 갈망이 있는 한, 고통에 대한 혐오가 계속 일어날 것입니다. 갈망과 혐오 때문에 존재의 바퀴는 계속 굴러갈 것입니다. 존재의 바퀴가 부서질 때만 세속을 초월한 궁극적인 평화를 얻습니다. 세상을 넘어서고, 존재의 순환을 넘어서고, 감각의 영역을 넘어섭니다. 이런 목적으로 붓다는 위빳사나라고 하는, 없어서는 안 될 수행법을 가르쳤습니다.

붓다는 데와뿟따의 가타를 듣고 네 번째 줄을 바꿨습니다.

궁극적인 평화를 원하는 사람은 세속적인 욕망을 포기해야 한다.

위빳사나를 열심히 수행해야만 세속적 욕망을 뿌리 뽑을 수 있습니다. 위빳사나를 수행하는 동안 명상가는 자신의 임박한 죽음에 대해 알아차림을 유지해야 하는 데, 두려움의 흔적이 없어야 합니다. 죽음이 오면 늘 고요한 마음으로 준비해야 합니다.

생일이 오면 위빳사나 수행자는 과거를 돌아봐야 합니다. 이전에 했던 실수들을 되풀이하지 않고, 남은 생애 동안 건전한 행위를 계속하겠다고 굳게 결심해야 합니다. 무엇보다 가장 중요한 건전한 행위는 자유로 이끄는 위빳사나를 수행하는 것입니다. 부지런히 수행하세요. 방치하지 마세요. 오늘의 수행을 내일로 미루지 마십시오. 붓다의 말씀이 늘 귀에 경종을 울리도록 하세요.

오늘 명상하세요.
누가 압니까? 죽음이 내일 찾아올지.

죽음을 두려워할 필요는 없습니다. 다만 매 순간 준비해야 합니다. 때때로 우리는 마라나누사띠maraṇānusati(죽음 알아차림)를 수행해야 합니다. 이것은 매우 이롭습니다. 수행하는 동안 자신의 마음을 살펴봐야 합니다. '내가 내일 아침 죽는다면, 삶의 마지막 순간에 내 마음 상태는 어떨까? 집착이 남아 있을까? 담마의 임무를 완성하려는 집착이라도 남아 있는가?'

마음에 어떤 강한 감정의 상카라가 올라올 때마다 우리는 즉시 마라나누사띠를 수행하고 이렇게 이해해야 합니다. '내가 바로 다음 순간에 죽는다면, 이 감정이 되어감의 흐름을 어떤 무서운 방향으로 바꿀 것인가?' 이러한 알아차림이 일어나면 그 감정에서 벗어나기 쉽습니다.

마라나누사띠를 수시로 수행하면 또 다른 이익이 있습니다. 우리는 생각하지요. '내가 얼마나 많은 생을 존재의 쳇바퀴 속에서 돌고 있었는지 누가 알까? 어떤 건전한 행위의 결과로 이번에는 귀중한 삶을 얻었어. 순수한 담마를 접했고, 무의미한 의례·철학·종교의 장벽에서 벗어나 담마에 대한 믿음을 키웠지. 하지만 여기서 어떤 이로움을 얻었지?'

이렇게 평가해보면, 어떠한 결점을 발견하든 그것을 고치려는 열정이 커집니다. 죽음이 내일 아침에 올지 아니면 가을이 100번 지난 뒤에 올지, 나는 모릅니다. 하지만 앞으로 살아갈 날이 얼마나 남았든, 만족스런 마음으로 내 빠라미따들을 완벽하게 하는 데 남은 날들을 쓸 것이고, 인간으로서의 삶을 의미 있게 만들 것입니다. 어떠한 결과가 오든지 오게 놔둡니다. 나는 그것을 담마에 맡깁니다. 내가 할 일은 계속해서 최선을 다하여 남아 있는 시간을 잘 사용하는 것입니다.

이런 목적으로 붓다가 하신 말씀이 우리와 함께하기를 바랍니다.

일어나세요! 부지런히 담마의 삶을 사세요.

담마의 삶을 계속 살면 결과는 저절로 이롭습니다.

●

스스로 노력해야 합니다.

깨달은 자는 길을 알려줄 뿐입니다.

명상을 수행하는 사람들은

죽음의 사슬에서 스스로 벗어날 것입니다.

─《담마빠다》, XX. 276.

●

언제 어디서나

마음과 몸에서 나타나는 일어남과 사라짐을 경험하는 사람은

행복과 기쁨을 누립니다.

지혜로운 사람이 경험하는 죽음 없는 단계로 이끌려갑니다.

─《담마빠다》, XX. 15(374).

그날을 보내며

삶의 마지막은 마치 하루가 지나가듯 평화롭게 찾아옵니다.

오랜 삶의 마지막 몇 달 동안, 고엔카 선생님은 심해지는 통증을 피할 수 없었지만, 휠체어에 앉아 일상 업무를 계속하려고 노력했습니다. 그는 종종 붓다가 마지막 순간까지 어떻게 헌신했는지 떠올렸습니다. 고엔카 선생님은 그 훌륭함을 따르고자 했습니다. 계속해서 수행하러 찾아오는 사람들을 만났고, 담마 업무에 많은 관심을 기울였습니다.

마지막 날 아침 식사 시간에 고엔카 선생님은 아들 스리프라카쉬 고엔카Shriprakash Goenka에게 글로벌 위빳사나 파고다Global Vipassana Pagoda의 진행 상황을 물었습니다. 아들은 그날 글로벌 파고다를 방문하고 돌아와서 상세히 보고하겠다고 대답했습니다.

낮이 되자 고엔카 선생님은 앞으로 출판할 만한 도하들, 즉 시구 500편을 골랐습니다. 늘 그랬듯이 선생님이 좋아하던 일이었습니다.

점심 때 고엔카 선생님이 말했습니다. "나는 의사로부터 해방되었다." 부인 마타지 여사는 이 말에 특별한 의미를 부여하지 않았습니다. 마타지는 최근에 방문했던 특정 의사를 가리킨다고 생각했습니다. 그러나 고엔카 선생님은 스스로 마지막 날임을 알고, 어느 누구로부터 방해받지 않고 조용히 그날을 보내고 싶어 한 것이었습니다.

차를 마신 후 고엔카 선생님은 날마다 그랬듯이, 신문의 주요 기사들을 검토했습니다. 그러고는 방에 들어가 명상 수행을 했습니다. 저녁이 되자 그는 식사를 하러 왔지만, 식사를 하는 내내 어떠한 말도 하지 않았으며, 식사 후에 곧장 방으로 돌아갔습니다.

그는 방에서 얼마 동안 앉아 있다가 침대에 눕혀달라고 했습니다. 눕자마자 숨이 가빠지기 시작했습니다. 방에 들어간 마타지는 이를 알아차리고 곧장 아들을 불렀습니다. 고엔카 선생님은 아들을 알아보았지만, 아무 말도 하지 않았습니다. 아들은 같은 건물에 사는 주치의를 불렀습니다. 그러나 죽음은 재빨리 진행되었습니다. 마지막 숨이 들어오고 나간 다음 심장 박동이 멈췄습니다. 그러나 고엔카 선생님의 얼굴에는 통증이나 스트레스의 흔적이 없었습니다. 방 안의 분위기는 고요하고 평화로웠습니다. 밤 10시 40분, 하루의 끝과 담마의 긴 생애에 어울리는 시간이었습니다.

●

부록 A

늘 그랬듯, 지금도 그러하듯*

떨리는 마음으로 처음 인도에 도착한 이래 약 12년이 지났습니다. 이 모든 일이 어떻게 일어났으며 정확히 무슨 일이 일어났는지 다 파악하기는 어렵지만, 한 가지는 분명합니다. 그것이 일어났다는 사실입니다. 12년 세월 동안.

서구 생활에 대한 환멸, 자기 자신을 사랑하지 않는 존재로 내몰리는 정신, 깊은 실망, 무수한 실연, 강한 우월감, 끔찍한 기억들과 두려움을 가지고 도착한 그 사람은 누구였을까요? 원시인 같은 인간한테 무슨 일이 생겼던 걸까요? 그가 사라졌을 가능성은 없어 보입니다. 지나친 바람이겠죠. 헤아릴 수 없이 많은 고통과 헛된 기대 너머에서, 그는 결코 존재하지 않았을 것 같습니다.

● 그레이엄 감비가 쓴 간단한 회고록으로, 담마에서 성장한 이야기입니다.

실제로 사라진 것은 과거의 고통이고, 남은 것은 오늘의 고통입니다. 쇠잔해지는 중년의 나이, 현실에 적응하지 못하는 능력, 실패한 야망의 초라한 짐, 울분, 수다스러움입니다.

그런데 시간이 지나면서 이러한 고통을 받아들이는 것이 더 쉬워졌을까요? 엉터리 같은 과거의 나만큼이나 현재의 나를 비현실적으로 보는 것이요? 아니지요. 누가 자아의 죽음에 기꺼이 항복합니까? 누가 싸우지 않고 웃으며 그 환영을 포기할까요? 아마도 그렇기 때문에 세상에서 사랑을 찾아보기 힘든 것이겠지요. 우리가 모두 아는 것은 '너'와 '나'라는 두 환상이지, 둘 다가 녹아난 사랑이 아닙니다.

부정성으로 들끓던 이 마음을, 12년 만에 사랑과 기쁨으로 완전히 바꾸어냈다고 말하긴 어렵습니다. 하지만 분명한 것은, 많은 긴장이 스스로 풀렸고 엄청난 미움의 열기가 수그러들었으며 내면에 숨어 있던 상당한 두려움이 사라졌다는 것입니다.

문제를 만드는 능력이 있으니 해결책을 적용할 힘도 있습니다. 이런저런 동요에 대한 유일한 치유는 침묵입니다. 돌이켜보니 진정한 여정은 한 나라에서 다른 나라로 가는 것이 아니라 동요에서 침묵으로 가는 것이고, 모든 것을 다 했지만 아무것도 이루지 못하는 것에서 아무것도 하지 않았지만 모든 것이 일어나게 두는 것으로 가는 것이었습니다. 단순할수록 이해하기 어렵습니다. 오로지 고요한 마음이 사물을 있는 그대로 보게 합니다. 그리고 이것이 처음이자 마지막 단계이고, 우리가 할 수 있는 유일한 일입니다. 존재를 그대로 두는 것입니다.

가능한 한 조용히 앉아 '나'라는 생각을 일으키게 하는 감각, 꿈, 집착, 두려움을 경험하며 여러 해를 보냈습니다. 명상을 전혀 해보지 않은 사람들은 명상이 온갖 종류의 황홀감, 영적인 비전, 환상 등 책에서 묘사하는 것들을 만들어낸다고 생각하지요. 그러나 참된 평화는 일상의 따분함, 사소한 좋고 싫음, 마음에서 끊임없이 일어나는 대화, 헛된 기대, 타인의 시선으로부터 벗어나는 것입니다.

그 모든 것 뒤에… 그 너머에 뭔가가 있을까요? 있습니다. 단순해진 삶이 있습니다. 평범한 사람이 전에는 보지 못했던 일상적인 삶 속에서 참된 행복과 평화를 찾습니다. 사실 삶에서 평범한 것은 없습니다. 꿈에서 깨어나면 평범한 것이 매우 기적이며, 그 기적이 매우 평범함을 알게 되지요. 그제야 당신은 깨닫습니다. 한 시인이 표현했듯이, 당신은 삶을 찾기 위해 살아 있습니다.

있는 그대로의 알아차림 너머에는 마술이나 기적이 없습니다. 수정처럼 투명한 마음, 고요하고 평온한 마음보다 더 마술 같은 게 있을까요? 즐거움을 추구하고 두려움을 피하는 그 두 가지를 넘어서는 것보다 더 기적인 것이 있을까요? 많은 사람이 마술을 무대 위에서만 행해지는 것, 수염을 기른 마술사가 하는 것이라고 여깁니다. 그들은 자신이 마술이자 마술사이며, 극장이자 관중이라는 사실을 모르고 있습니다. 세상 또한 그렇다는 사실을 알 아차리지 못합니다.

어느 누가 세상의 괴로움과 즐거움에서 달아날 수 있습니까? 모든 것이 스쳐가는 세상에서, 마지막에 남는 것이 한 줌의 재뿐 인 세상에서 왜 안정을 찾습니까? 왜 굳이 애를 씁니까? 바꿀 수 없는 것은 받아들여야 합니다. 선택은 기꺼이 받아들이는가 아니 면 마지못해 받아들이는가입니다. 모든 일에 웃을 수 있다면, 여 러분의 삶은 어떻게 변할까요?

명상은 추악한 독재자인 '나'에게 맞게 조정할 수 있는 것이 아 닙니다. 명상을 하면 실용적인 부산물이 있는데, 에고와 그로 인 한 속박의 소멸이 그것입니다. 성취, 성공, 명망 등은 모두, 많은 일을 하고자 하지만 할 수 있는 일이 아주 적은 '나'라는 영역 안 에 있습니다.

삶의 피상적인 관점은 비관주의를 낳는 괴로움이나 낙관주의 를 낳는 즐거움만 볼 수 있습니다. 그런데 곰곰이 생각해보면, 이 괴로움은 가장 값진 것처럼 보이기도 합니다. 참을 수 없는 통증 때문에 약을 찾기 시작하기 때문이죠. 즐거움도 도움이 됩니다. 즐거움이 지니는 덧없고 불만족스러운 속성 때문에 약을 찾기 시 작하기 때문입니다. 기대와 두려움 너머에 진리가 있습니다. 그리 고 천천히, 아주 천천히 질병은 마음 안에 있음을 이해합니다.

일어난 모든 일을 누구 탓으로 돌려야 합니까? 어쩔 수 없는 것에 대해 누구를 칭찬하거나 비난할 수 있을까요? 진리의 법칙은 집 없는 고아와 같습니다. 그는 언제 어디서나 초대받지 않고도, 온순함의 옷을 입고, 소리 없이, 뿌리칠 수 없는 빈손으로 나타나는 습성이 있습니다. 이 아이가 당신이며 나입니다.

이제 어떻게 해야 할까요? 여기서 어디로 가야 할까요? 어디가 앞이고 어디가 뒤인가요? 이 모든 가능성으로 무엇을 해야 할까요? 분명 더 이상 가질 수 없는데도 언제까지 가지려고 할 건가요? 언제쯤 이제 그만이라고 말할 수 있을까요? 언제쯤 시인의 마지막 노래를 듣기 위해 멈출 건가요?

> 빛이 떠오르며
> 깨어 있는 자들과 함께 깨어나거나,
> 끝없는 바다의
> 저쪽 기슭에 다다르는 꿈을 꾼다.
> ─파블로 네루다Pablo Neruda, 〈물노래가 끝나다The Watersong Ends〉 중에서

부록 B

삶의 기술, 위빳사나 명상*

우리는 모두 평화와 조화를 추구합니다. 우리 삶에서 평화와 조화가 부족하기 때문입니다. 때로 우리는 모두 불안, 짜증, 부조화를 경험합니다. 우리가 이러한 고통을 겪을 때, 이 고통은 자신 안에만 머무는 것이 아니라 다른 사람들에게도 퍼지게 됩니다. 불행은 고통받는 사람 주변에 스며들고, 그 사람과 접촉하는 사람에게도 영향을 줍니다. 이것은 확실히 능숙한 삶의 방식이라 할수 없지요.

우리는 자신과도 그리고 다른 사람들과도 평화롭게 살아야 합니다. 결국 인간은 사회 속에서 서로 마주하고 살아야 하는 사회적 존재입니다. 하지만 어떻게 평화롭게 살 수 있을까요? 어떻게

---

* 스위스 베른에서 고엔카 선생님이 한 공개 강연을 바탕으로 한 글입니다.

하면 우리 내면과 우리 주위를 평화롭고 조화롭게 유지하면서 살아갈 수 있을까요?

불행에서 벗어나려면 불행의 근본적인 이유, 고통의 원인을 알아야 합니다. 문제를 살펴보면, 마음속에 어떤 부정성이나 불순물이 일어날 때마다 우리가 불행해진다는 것이 분명해집니다. 마음의 부정성이나 불순물은 평화·조화와 공존할 수 없습니다.

어떻게 하면 부정성이 일어날까요? 누가 우리가 싫어하는 행동을 하거나 우리가 좋아하지 않는 일이 벌어질 때, 우리는 불행해집니다. 원치 않는 일이 벌어지거나 원하던 일이 일어나지 않으면, 우리는 내면에 긴장을 만들고 내면에 매듭을 짓기 시작합니다. 사는 내내 원치 않던 일이 일어나거나 원하던 일이 일어나지 않을 수도 있는데, 반응하는 과정, 매듭을 짓는 과정이 마음과 몸을 매우 긴장시키고, 부정성으로 가득 차게 만들어 삶을 불행으로 이끕니다.

이 문제를 해결하는 한 가지 방법은 삶에서 원치 않던 일이 더이상 일어나지 않게 하고, 모든 일이 우리가 원하는 대로 계속 일어나게 하는 겁니다. 우리가 힘을 키우든지 아니면 힘을 가진 사람에게 부탁하여 원치 않는 일이 일어나지 않게 하고 원하는 모든 일이 일어나도록 해야 합니다. 그러나 이것은 불가능합니다. 이 세상에서 욕망이 항상 충족되고, 원치 않던 일은 일어나지 않으면서 원하는 모든 일이 일어나는 경우는 없습니다. 대부분의 일이 우리가 바라거나 기대하는 것과 반대로 일어납니다. 여기서 질문이 생깁니다. 우리가 좋아하지 않는 것에 직면했을 때, 우리가 맹목적으로 반응하는 것을 어떻게 멈출 수 있을까요? 어떻게 하면 긴장을 만들지 않고 평화롭고 조화롭게 지낼 수 있을까요?

과거의 현명한 성인들은 인간이 겪는 고통의 문제를 탐구하여 해결책을 찾아냈습니다. 원치 않던 일이 일어나 화, 두려움과 같은 어떤 부정성을 일으키며 반응하기 시작한다면, 가능한 한 빨리 여러분의 주의를 다른 곳으로 돌려야 한다는 겁니다. 예를 들어, 화가 났을 때 일어나서 물 한 잔을 마시면, 화가 커지지 않을 것입니다. 오히려 가라앉겠죠. 아니면 숫자를 셉니다. 하나, 둘, 셋, 넷⋯. 아니면 낱말, 구절, 어떤 만트라, 여러분이 믿고 의지하는 신이나 성인의 이름을 반복합니다. 그러면 마음이 전환되어 일정 정도는 부정성에서 벗어나게 될 것입니다.

이 해결책은 도움이 되고 효과가 있습니다. 이렇게 대응하면 마음은 어느 정도 동요에서 벗어납니다. 하지만 이 해결책은 의식적인 차원에서만 효과가 있습니다. 사실 주의를 분산시키는 것은 부정성을 무의식 깊숙이 밀어 넣을 뿐이고, 그곳에서 여전히 같은 불순물을 계속 만들어내고 증가시킵니다. 표면에는 평화와 조화의 층이 있지만, 마음 깊은 곳에선 조만간 격렬하게 폭발할지도 모르는 억압된 부정성의 화산이 잠들어 있습니다.

내면의 진리를 찾기 위해 더 깊이 탐색한 다른 탐구자들은 내면에서 마음과 물질의 실상을 경험함으로써, 주의를 분산시키는 것은 문제로부터 도망치는 것일 뿐임을 깨달았습니다. 도망은 해결책이 아닙니다. 문제를 직시해야 합니다. 마음속에 부정성이 일어날 때마다 그저 관찰하고 직면하세요. 마음의 불순물을 관찰하기 시작하자마자, 그것은 힘을 잃고 서서히 시들기 시작합니다.

좋은 해결책은 억압과 표출이라는 두 극단 모두를 피하는 겁니다. 무의식 속에 부정성을 묻어버리면 그것을 뿌리 뽑기 어려워지고, 몸이나 말로 불건전한 행위를 드러내면 더 많은 문제를 일으킬 뿐입니다. 하지만 그저 관찰하면, 부정성은 사라지고 거기서 자유로워집니다.

정말 실용적일까요? 자신의 불순물을 대면하기는 쉽지 않습니다. 화가 날 때 화는 우리가 알아차리지도 못할 정도로 재빨리 우리를 압도해버립니다. 화에 사로잡힌 우리는 자신과 타인에게 몸으로, 말로 해를 끼치는 행위를 합니다. 나중에 화가 수그러지면 우리는 뉘우치고, 이 사람이나 저 사람 또는 신에게 용서를 빕니다. "아, 제가 실수했어요. 용서해주세요!"라고 말입니다. 하지만 다음에 비슷한 상황에 처하면 다시 같은 방식으로 반응합니다. 이렇게 계속되는 뉘우침은 전혀 도움이 되지 않습니다.

문제는 부정성이 언제 시작되는지 우리가 모른다는 겁니다. 그것은 깊은 무의식에서 시작되는데, 의식적인 수준에 도달할 때쯤에는 너무나 힘이 세져 우리를 압도하기 때문에 관찰할 수 없습니다.

개인 비서를 고용하여, 화가 날 때마다 비서가 알려준다고 칩시다. "보세요. 화가 나고 있어요!" 화가 언제 시작될지 알 수 없기 때문에, 24시간 내내 일하도록 3교대로 일하는 3명의 비서를 고용할 필요가 있습니다. 그 비용을 감당할 수 있다고 합시다. 화가 일어납니다. 비서가 즉시 말합니다. "보세요. 화를 내기 시작했어요!" 그러면 보통 맨 먼저 하는 일은 그를 꾸짖는 겁니다. "나를 가르치라고 월급을 주는 줄 알아?" 화에 압도되어 있기에 충심 어린 충고도 도움이 되지 않습니다.

아마도 지혜가 우세하다면 그를 꾸짖지 않겠지요. 대신 "고마워. 이제 앉아서 화를 관찰해야겠어"라고 하겠지요. 하지만 그게 가능할까요? 눈을 감고 화를 관찰하려고 하자마자, 화의 대상이 바로 마음속에 떠오릅니다. 화를 일으키게 만든 사람이나 사건이 떠오르지요. 그렇다면 화 그 자체를 관찰하는 게 아닙니다. 그 감정의 외적인 자극을 관찰하고 있을 뿐입니다. 이것은 화를 증가시킬 뿐 해결책이 되지 못합니다. 화를 발생시킨 외부 대상과 분리해서 추상적인 부정성과 감정을 관찰하기는 매우 어렵습니다.

그러나 궁극적인 진리에 도달한 어떤 이가 참된 해결책을 찾아냈습니다. 마음에 어떤 불순물이 일어날 때마다 몸에서 두 가지 현상이 동시에 일어난다는 걸 그가 발견했습니다. 하나는 호흡이 정상적인 리듬을 잃는다는 것입니다. 부정성이 마음에 떠오를 때마다 호흡이 거칠어집니다. 이것은 관찰하기 쉽습니다. 또 다른 하나는 생화학적 반응이 몸에서 시작되어 어떤 감각이 일어나는 것입니다. 모든 불순물은 몸 안에서 이런저런 감각을 일으킵니다.

이로써 현실적인 해결책이 제시됩니다. 보통 사람은 마음의 추상적인 부정성, 즉 두려움, 화, 흥분을 관찰할 수 없습니다. 그러나 적절한 훈련과 수행을 하면 호흡과 몸의 감각을 관찰하기가 매우 쉬워지는데, 두 가지 모두 마음의 불순물과 직접 관련이 있습니다.

호흡과 감각은 두 가지 면에서 도움이 됩니다. 첫째, 그것들은 개인 비서처럼 될 것입니다. 마음에 부정성이 일어나자마자, 호흡은 정상적인 리듬을 잃고 소리칩니다. "이봐, 뭔가 잘못됐어!" 우리는 호흡을 꾸짖을 수 없습니다. 경고를 받아들여야 합니다. 마찬가지로 감각은 우리에게 뭔가 잘못되었다고 말해줄 것입니다. 그러면 경고를 받아서 우리는 호흡과 감각을 관찰하기 시작하고, 그 결과 부정성이 매우 빠르게 사라지는 것을 발견하게 됩니다.

마음과 몸의 이 현상은 동전의 양면과도 같습니다. 한쪽은 마음에서 일어나는 생각과 감정이고, 다른 쪽은 몸에서 일어나는 호흡과 감각입니다. 일어난 생각들이나 감정들, 마음의 불순물들은 그 순간의 호흡과 감각으로 드러납니다. 따라서 호흡이나 감각을 관찰하는 것은 사실 마음의 불순물을 관찰하는 것입니다. 그 문제에서 도망치는 대신 실상을 있는 그대로 직면하면, 이 불순물들이 힘을 잃습니다. 과거처럼 더 이상 우리를 압도하지 않습니다. 계속 관찰해나가면, 결국 불순물은 모두 사라지고, 우리는 평화롭고 행복한 삶, 부정성이 많이 사라진 삶을 살게 됩니다.

이렇게 자기관찰의 수행법은 내면과 외면 두 가지 측면에서 실상을 보여줍니다. 이전에는 내면의 진리를 놓치고 외부만 바라보았습니다. 우리는 항상 불행의 원인을 외부에서 찾았지요. 늘 바깥의 실상을 비난하고 바꾸려고 노력했습니다. 내면의 실상을 모른 채, 고통의 원인이 내 안에 있고, 유쾌하고 불쾌한 감각에 대한 맹목적인 반응에 있다는 것을 결코 이해하지 못했습니다.

이제 훈련을 통해 동전의 다른 면을 볼 수 있습니다. 우리는 호흡이나 감각을 알아차릴 뿐만 아니라, 내면에서 무엇이 일어나고 있는지도 알아차릴 수 있습니다. 호흡이든 감각이든, 우리는 마음의 균형을 잃지 않고 관찰하는 법을 배웁니다. 반응해서 우리의 불행을 증가시키기를 멈춥니다. 부정성이 나타나서 사라지도록 허용합니다.

우리가 이 수행을 해나갈수록 부정성은 더 빨리 사라질 것입니다. 마음은 차츰 불순물에서 자유로워져 순수해집니다. 순수한 마음은 언제나 다른 모든 사람을 위한 이타적인 사랑과 타인의 실패와 고통에 대한 연민과 어떤 상황에서도 동요되지 않는 평정심으로 가득합니다.

이 단계에 이르면 삶의 전체 패턴이 바뀝니다. 다른 사람들의 평화와 행복을 방해하는 말이나 행동을 더 이상 할 수 없습니다. 대신 균형 잡힌 마음으로 인해 마음이 평화로워질 뿐만 아니라 주위에도 평화와 조화가 스며들 것이고, 이것은 타인에게도 영향을 미치기 시작하여 다른 사람들을 도울 것입니다.

또한 내면에서 경험하는 모든 것에 직면해서 균형을 유지하는 법을 배움으로써 외부 상황에서 마주치는 모든 것에 집착하지 않게 됩니다. 이러한 무심함은 세상의 문제를 회피하거나 무관심으로 대하는 것이 아닙니다. 위빳사나를 규칙적으로 수행하는 사람들은 타인의 고통에 더욱 민감해지고, 그들이 할 수 있는 최선의 방법으로 고통을 덜어주려고 합니다. 어떤 동요도 없이, 사랑, 연민, 평정심이 가득한 마음으로 최선을 다합니다. 그들은 성스러운 무심함으로 타인을 위해 헌신하고 돕는 데 온전히 참여하는 동시에, 그들의 마음의 균형을 유지하는 법을 배웁니다. 이런 방법으로 타인의 평화와 행복을 위해 일하면서 그들 자신의 평화와 행복을 유지합니다.

이것이 붓다가 가르친 삶의 기술입니다. 붓다는 어떤 종교도, 어떤 이념도 창시하거나 가르치지 않았습니다. 그를 찾아온 사람들에게 어떤 의식이나 의례, 의미 없는 절차를 하라고 지시한 적이 없습니다. 오히려 내면의 실상을 관찰함으로써 자연을 있는 그대로 관찰하라고 가르쳤습니다. 우리는 무지로 인해 자신과 타인을 해치는 방식으로 계속 반응합니다. 그러나 실상을 있는 그대로 관찰하는 지혜가 일어나면, 반응하는 습관은 사라집니다. 우리가 맹목적으로 반응하기를 멈추면, 우리는 진정한 행동을 할 수 있는데, 이는 균형 잡힌 마음에서 나온 행동, 진리를 보고 이해하는 마음에서 나오는 행동입니다. 그러한 행동은 긍정적이고 창조적이며, 자신과 타인에게 도움이 됩니다.

그렇다면 필요한 것은 "자신을 알라"입니다. 모든 현자가 한 말입니다. 우리는 자신을 알아야 하는데, 그것은 사상과 이론의 영역에서 지적으로 아는 것도, 우리가 들었거나 읽은 것을 감정이나 믿음으로 맹목적으로 받아들이는 것도 아닙니다. 그런 지식으로는 충분하지 않습니다. 경험으로 실상을 알아차려야 합니다. 몸과 마음의 현상이라는 실상을 직접 경험해야 합니다. 이것만이 우리를 고통에서 벗어날 수 있도록 도울 것입니다.

자신의 내면에 있는 실상을 직접 경험하는 것, 자기를 관찰하는 이 수행법을 위빳사나 명상이라고 합니다. 붓다 재세 당시 빳사나passanā는 눈을 뜬 채 일반적으로 보는 것을 뜻했습니다. 그러나 위빳사나vipassanā는 그냥 보이는 대로 보는 것이 아니라 사물을 실제 있는 그대로 관찰하는 것입니다. 겉으로 보이는 진리를 꿰뚫고, 심리적·물리적 구조 전체의 궁극적인 진리에 도달해야 합니다. 이 진리를 경험할 때만, 맹목적으로 반응하기를 멈추고 부정성을 없애는 방법을 배울 수 있습니다. 이 수행법을 배우고 꾸준히 훈련해나간다면, 오래된 것들이 자연스럽게 제거됩니다. 불행에서 벗어나 참된 행복을 경험합니다.

명상 코스에서는 세 단계로 훈련합니다. 첫째, 다른 사람들의 평화와 조화를 방해하는 말이나 행동을 삼가야 합니다. 불순물을 증가시키는 행동과 말을 계속하면 마음의 불순물로부터 벗어날 수 없습니다. 그러므로 도덕규범은 수행에 필수적인 첫걸음입니다. 죽이지 않고, 훔치지 않고, 잘못된 성행위를 하지 않고, 거짓말을 하지 않고, 취하게 하는 물질을 섭취하지 않습니다. 그런 행동을 하지 않음으로써 마음을 충분히 가라앉히면 다음으로 나아갈 수 있습니다.

둘째, 난폭한 마음을 하나의 대상, 즉 호흡에 고정되도록 훈련시킴으로써 마음을 다스려야 합니다. 가능한 한 오랫동안 호흡에 주의를 기울입니다. 이것은 호흡 운동이 아닙니다. 호흡을 조절하지 않습니다. 오히려 자연적인 호흡을 있는 그대로, 숨이 들어오고 나가는 대로 관찰합니다. 이런 식으로 마음을 더 고요하게 해서 강한 부정성에 압도되지 않도록 합니다. 그와 동시에, 마음을 날카롭고 꿰뚫어 볼 수 있게 만들어서 통찰할 수 있게 합니다.

처음 두 단계, 즉 도덕적인 삶을 살고, 마음을 다스리는 것은 그 자체로 매우 필요하고 이롭지만, 세 번째 단계를 밟지 않는 한 부정성은 억눌린 상태로 남아 있을 것입니다. 세 번째 단계는 자신의 본성에 대한 통찰력을 계발함으로써 불순한 마음을 정화하는 것입니다. 이것이 위빳사나입니다. 끊임없이 변화하는 마음-물질

현상이 감각으로 드러나는 것을 내면에서 체계적이고 냉정하게 관찰함으로써 자신의 실상을 경험합니다. 이것이 붓다 가르침의 핵심으로, 이는 자기관찰에 의한 자기정화입니다.

누구나 이것을 수행할 수 있습니다. 누구나 고통의 문제에 직면합니다. 고통은 보편적 치료법이 필요한 보편적인 질병입니다. 종파적인 것이 아니지요. 우리가 화에 시달린다면, 그것은 불교도의 화, 힌두교도의 화, 기독교도의 화가 아닙니다. 화는 화입니다. 화의 결과로 동요하게 되면, 이 동요는 기독교도의 동요도, 유대교도의 동요도, 이슬람교도의 동요도 아닙니다. 질병은 보편적입니다. 치료법도 보편적이어야 합니다.

위빳사나는 그런 치료법입니다. 어느 누구도 타인의 평화와 조화를 존중하는 삶의 규범을 반대하지 않을 것입니다. 마음을 다스리는 능력을 계발하는 데 아무도 반대하지 않을 것입니다. 자신의 본성에 대한 통찰력을 계발해서 마음을 부정성에서 자유롭게 하는 데 아무도 반대하지 않을 것입니다. 위빳사나는 보편적인 길입니다.

내면의 진리를 관찰함으로써 실상을 있는 그대로 관찰하는 것, 이것이 자신을 경험으로 아는 것입니다. 수행을 통해 마음의 불순물로 인한 고통에서 벗어나야 합니다. 겉으로 보이는 진리로부터 마음과 물질의 궁극적 진리로 꿰뚫어갑니다. 그러면 마음과 물질을 넘어서고, 시간과 공간을 넘어서며, 상대성이라는 조건화된 영역을 넘어서는 진리를 경험합니다. 이것은 모든 부정성, 모든 불순물, 모든 고통에서 완전히 벗어나는 진리입니다. 궁극적인 이 진리에 어떤 이름을 붙이든 상관없습니다. 그것이 모든 사람의 최종 목표입니다.

여러분 모두 이 궁극적인 진리를 경험하기를.
모든 사람이 불행에서 벗어나기를.
모든 사람이 참된 평화, 참된 조화, 참된 행복을 누리기를.
모든 존재가 행복하기를.

●

부록 C

멧따–바와나 수행*

멧따–바와나mettā-bhāvana, 즉 자비 명상의 수행은 위빳사나 명상 수행법에서 중요합니다. 게다가 논리적인 결과물입니다. 멧따–바와나에서 우리는 모든 존재를 향해 자비와 선의를 발산하며, 의도적으로 분위기를 고요하고 긍정적인 진동으로 채웁니다. 붓다는 그의 제자들에게 보다 평화롭고 조화로운 삶을 영위하고 다른 사람들도 그렇게 하도록 돕기 위해 멧따를 계발하라고 가르쳤습니다. 위빳사나 수련생은 이 가르침을 따르도록 권유받습니다. 멧따는 우리가 계발하는 평화와 조화를 모두와 나누는 길이기 때문입니다.

●　1986년 12월 인도 담마 기리에서 열린 위빳사나 명상에 관한 세미나에서 발표된 내용입니다.

부록 C　　　　　　　　　　　　　　　　　　　　　　　　223

띠삐따까Tipitaka(붓다 가르침의 세 모음집) 주석서는 말합니다. "사람을 친절한 기질로 기울게 하는 것이 멧따입니다." 그것은 모두가 행복하길 바라는 진심 어린 소망입니다. "혐오하지 않음이 멧따입니다" 멧따의 주된 특징은 자비로운 태도입니다. 이는 자신을 모든 존재와 동일시하고 모든 생명을 친구로 여기는 것입니다.

이 개념을 적어도 지식으로 이해하기는 쉽지만, 스스로 이런 태도를 계발하기는 어렵습니다. 그러기 위해선 다른 사람들을 위해 체계적으로 선의를 계발하는 멧따-바와나 수행을 해야 합니다. 정말 효과가 있게 하려면, 멧따 명상은 위빳사나 명상과 함께 수행해야 합니다. 혐오와 같은 부정성이 마음을 지배하는 한, 선의를 의식적으로 생각하는 것은 의미가 없습니다. 그저 내면의 의미가 결여된 의례일 뿐입니다. 하지만 위빳사나 수행으로 부정성을 제거하면 저절로 선의가 마음에 떠오릅니다. 자기집착의 감옥에서 벗어나 다른 사람들의 행복에 우리는 관심을 갖기 시작합니다.

이 때문에 멧따-바와나 수행은 위빳사나 코스의 마지막에 소개됩니다. 참가자들이 정화의 과정을 거친 뒤에만 수행합니다. 그때 명상가들은 다른 사람들의 행복을 깊이 바라며 그들이 하는 멧따 수행을 정말 효과적으로 만듭니다. 코스에서는 제한된 시간 동안 수행하지만, 멧따는 위빳사나 수행의 정점이라고 볼 수 있습니다.

닙바나는 모든 존재에 대해 자비와 연민으로 가득 찬 사람만이 경험할 수 있습니다. 그런 상태를 바라는 것만으로 충분치 않습니다. 마음을 정화시켜 그것을 얻어야 합니다. 우리는 위빳사나 명상을 해서 마음을 정화합니다. 그래서 코스 중에 이 수행법을 강조합니다.

수행해감에 따라 우리 자신을 포함한 세상의 근본적인 실상은 순간순간 일어나서 사라진다고 알게 됩니다. 변화의 과정이 우리의 바람과는 상관없이, 우리의 통제를 넘어 계속됨을 깨닫습니다. 덧없고 실체가 없는 것에 대한 집착이 우리의 고통을 낳는다고 차츰 알게 됩니다. 우리는 일시적인 현상에 집착하지 않고 마음의 균형을 유지하는 법을 배웁니다. 그때 우리는 참된 행복이 무엇인지 경험합니다. 욕망을 충족시키거나 두려움을 미연에 방지하는 것이 아니라, 오히려 욕망과 두려움의 순환에서 벗어나는 것입니다. 내면의 고요함이 계발되면 우리는 다른 사람들이 어떻게 고통에 사로잡혀 있는지 분명히 볼 수 있고, 자연스럽게 소망이 일어납니다. "우리가 찾은 것을 그들도 찾아내기를. 고통에서 벗어나는 길, 평화의 길을 찾기를!" 이것이 멧따-바와나 수행을 위한 올바른 의도입니다.

멧따는 기도도 아니고 외부의 누군가가 도와주기를 기대하는 것도 아닙니다. 오히려 사람들이 스스로 도울 수 있게 지지대를 만드는 역동적인 과정입니다. 멧따는 특정한 하나의 대상이나 모든 대상을 향할 수도 있습니다. 멧따는 우리가 만들어낸 것이 아니라는 사실을 깨닫게 되면, 멧따가 사심 없이 전달됩니다.

멧따를 수행하기 위해서는 마음이 고요해야 하고, 균형 잡혀야 하며, 부정성이 없어야 합니다. 이는 위빳사나 수행에서 계발되는 마음입니다. 명상가는 분노, 반감, 악의가 어떻게 평화를 파괴하고 다른 사람을 돕고자 하는 노력을 방해하는지 경험으로 알고 있습니다. 증오가 사라지고 평정심이 계발될 때만 우리는 행복할 수 있고 다른 사람들의 행복도 빌 수 있습니다. "모든 존재가 행복하기를!"이라는 말은, 순수한 마음에서 말할 때만 큰 힘을 가집니다. 이런 순수함에 힘입은 멧따는 다른 사람들의 행복을 일구는 데 분명 효과적일 것입니다.

그러므로 멧따-바와나 수행을 하기 전에 우리가 정말 멧따를 전할 수 있는지 자신을 점검해야 합니다. 마음에 증오나 혐오가 조금이라도 있다면, 그때는 하지 말아야 합니다. 그렇지 않으면 우리가 그 부정성을 전달해서 다른 사람들에게 해를 끼칠 수 있습니다. 그러나 마음과 몸이 고요함과 행복으로 가득 차 있다면, 이런 행복을 다른 사람들과 함께 나누는 것은 자연스럽고 적절합니다. "당신이 행복하기를! 당신이 고통의 근원인 부정성에서 벗어나기를! 모든 존재가 평화롭기를!"

이렇게 자애로운 태도는 우리가 삶의 우여곡절에 훨씬 더 능숙하게 대처하게 만듭니다. 예를 들면, 다른 사람들을 악의적으로 해치려는 사람을 만났을 때, 보통은 자기중심적인 공포와 증오로 반응합니다. 하지만 이것은 상황을 개선하는 데 아무런 도움이 되지 않고, 오히려 부정성을 증가시킵니다. 잘못을 저지르는 사람에게 선의를 갖고, 고요하고 균형 잡힌 마음을 유지하는 것이 훨씬 더 도움이 됩니다. 이것은 단지 지적인 입장에서, 해결되지 않은 부정성을 깔고 겉치레로 해서는 안 됩니다. 멧따는 정화된 마음이 자연스럽게 흘러나올 때만 효과가 있습니다.

위빳사나 명상을 통해 얻은 고요함은 자연스럽게 멧따를 일으켜 온종일 우리 자신과 주변에 긍정적인 방식으로 영향을 끼칩니다. 그래서 위빳사나는 궁극적으로 두 가지 기능을 갖고 있습니다. 즉 마음을 정화하여 우리에게 행복을 가져오고, 우리가 멧따를 수행하도록 준비시켜서 다른 사람들의 행복도 일궈나가도록 돕습니다. 우리가 이런 이로움을 다른 사람들과 나누지 않는다면, 부정성과 자기중심성으로부터 자신을 자유롭게 하는 목적은 무엇입니까? 우리는 고독 속에서 얻은 것을 다른 사람들에게 돌려주고 함께 나누기 위해 명상 코스에 머물며 일시적으로 세상과 단절합니다. 위빳사나 수행의 이러한 두 가지 측면은 따로 떼어놓을 수 없습니다.

만연한 병폐, 경제 격차, 폭력 소요가 있는 이러한 시기에 멧따-바와나의 필요성이 그 어느 때보다 절실합니다. 평화와 조화가 전 세계를 다스리려면 모든 사람의 마음에 먼저 평화와 조화가 자리 잡아야 합니다.

●

출처와 감사의 글

이 책에 수록된 대부분의 글은 고엔카 선생님의 이름으로 되어 있습니다. 우선 이 자료를 사용하도록 허락해준 고엔카 선생님과 인도 이갓푸리에 있는 위빳사나 연구소에 감사드립니다.

〈담마 안에서 돌아가신 어머니〉〈죽음 앞의 평화〉〈본보기가 되는 죽음〉〈깜마, 참된 유산〉〈담마에서의 삶과 죽음〉〈치명적인 병에 걸렸을 때의 평정심〉〈자신의 구원을 위한 수행〉〈70년이 지났습니다〉이상의 글은 위빳사나 소식지에서 발췌했습니다.

〈위빳사나 명상이란〉〈삶의 기술, 위빳사나 명상〉〈멧따-바와나 수행〉〈빠알리 용어 풀이〉는 위빳사나 연구소에서 나온 글입니다.

고엔카 선생님의 시구는 고엔카의《세상 사람들이여 오라Come People of the World》에서 나왔습니다. 〈질의응답〉은 위빳사나 소식지와 인터뷰를 포함한 다양한 출처에서 뽑았습니다.

〈죽음 앞의 평화〉는 위빳사나 연구소의 이안 헤더링튼Ian Hetherington의《변화의 깨달음Realizing Change》에 수록된 글입니다.

〈죽을 때 일어나는 일〉은 위빳사나 연구소가 출간한 사야지 우 바 킨의 저널에 처음 실렸습니다. 〈조건으로 일어나는 사슬〉은 위빳사나 연구소가 출판한《고엔카의 위빳사나 10일 코스The Discourse Summaries》다섯째 날 강의에 나옵니다.

웨부 사야도의 인용문은 불교출판협회에서 출판하고 로저 비스초프Roger Bischoff가 번역한《최상의 고요로 가는 길The Way to Ultimate Calm》에서 발췌하였습니다.

〈지금 이 순간뿐〉과 〈오직 사랑으로 가득한 죽음〉은 수전 바비트, 테렐 존스·다이앤 존스와 한 인터뷰를 정리한 것입니다. 〈지금 이 순간뿐〉의 일부 글은 티 헬박스 출판사에서 출간한《우주의 춤과 함께하라Join the Cosmic Dance》에도 실려 있습니다.

〈죽을 때까지 미소를〉은 에비에 촌시가 제공했습니다.

〈눈물과 바닷물〉은 빠알리 경전협회의《상윳따 니까야 2 The Book of Kindred Sayings Part II》에서 인용했습니다.

〈영원한 감사〉는 존의 어머니인 로리 캠벨이 제공했고, 〈값진 선물〉은 가브리엘라 아이오니타가 보내주었습니다. 고엔카 선생님에게 개인적으로 쓴 편지를 출판할 수 있게 허락해준 로리와 가브리엘라에게 감사드립니다.

〈암바빨리〉의 구절은 니아나포니카 테라Nyanaponika Thera와 헬무트 헤커Helmuth Hecker가 쓴《붓다의 큰 원칙Great Disciples of the Buddha》에서 나왔습니다. 위스덤 출판사를 대신하여 에이전시의 허락을 받았습니다.

《담마빠다》 구절은 해리스챈드라 카비라트나Harischandra Kaviratna가 번역했고, 티어소피컬대학교 출판부의 허락을 받았습니다.

〈빠타마-아까사 숫따〉는 위빳사나 연구소의 위빳사나 저널에 나왔습니다.

〈요가 숫따〉는 불교출판협의회의《담마의 보석Gemstones of the Good Dhamma》에서 발췌했습니다.

여기 인용된 다른 띠삐따까의 출처는 애석하게도 찾아낼 수 없었습니다. 원 번역가의 이름을 밝히지 못한 채 저작물을 사용한 것에 대해 송구한 마음을 다해 머리를 숙입니다.

마지막으로, 이 책을 준비하는 모든 단계에서 지혜를 주고 끊임없는 인내심으로 도움을 준 남편 빌Bill에게 감사를 전합니다.

●

옮긴이의 말

죽음은 늘 우리 가까이에 있습니다. 누구나 반드시 죽는다는 것을 알고 있습니다. 하지만 우리는 일상의 현안에 밀려 깊이 생각할 여유가 없습니다. 좀 더 솔직하게 말하면, 나와 거리가 먼 남의 일이라고만 생각합니다. 하지만 세월이 흘러 몸이 아프고 주변 사람들의 죽음을 자주 접하면서 진지하게 생각하게 됩니다. '나는 어떻게 죽을 것인가? 죽을 때는 어떤 마음을 가져야 할 것인가?' 이런 의문을 가진 분들은 이 책에서 많은 지혜를 얻을 것입니다.

이 책은 어느 날 느닷없이 들이닥친 죽음 앞에서 느꼈던 충격과 두려움, 절망, 현실 부정, 고통 등을 마침내 있는 그대로 받아들이면서 평정심으로 죽음을 맞이한 위빳사나 명상가들의 이야기를 담고 있습니다. 또 상실의 슬픔, 원망, 공허감 등에서 벗어나

평온하게 일상을 영위하는 남은 가족의 모습도 그리고 있습니다. 갈 사람은 평화롭게 떠나고 남은 사람은 편안하게 보내는 과정은 우리에게 죽음을 반추하고 잘 준비하는 계기를 마련해줍니다.

위빳사나 명상은 매일의 삶을 더 행복하고 평화롭게 만들어주는 삶의 기술인 동시에, 슬퍼하고 원망하는 마음 없이 삶의 마지막을 잘 맞이하도록 도움을 주는 죽음의 기술이기도 합니다.

이 책에서 받았던 영감과 위로와 감동을 독자 여러분들과 나누고 싶습니다.

끝으로, 이 책이 나오기까지 번역과 교정에 참여한 모든 분과 김영사 편집자분들께 감사드립니다.

— 담마코리아 번역 위원회

●

빠알리 용어 풀이

|ㄱ|

가타 gāthā 시구.

가띠 gati 되어감의 과정, 목적지, 운명.

고따마 Gotama 붓다Buddha의 성씨.(산스크리트어로는 가우타마Gautama)

까루나 karuṇā 연민. 고통받는 존재들을 불쌍히 여기는 마음. 멧
따mettā·무디따muditā·우뻭카upekkhā와 함께 깨끗한 마음의 네
가지 자질 중 하나.

까마 kāma 욕망, 감각적 쾌락.

깜마 kamma 행위, 몸과 입과 마음으로 짓는 선악의 소행. 특히 스
스로 한 행위로서 자신의 미래에 영향을 미친다.(산스크리트어로
는 까르마karma)

낄레사 Kilesa 마음의 더러움, 부정성, 마음의 불순물. 아누사야-낄

레사anusaya-kilesa는 무의식 속에 잠재하는 불순물을 뜻한다.

|ㄴ|

니밋따nimitta 심상, 표상, 징후, 조짐.

닙바나nibbāna 자유, 고통으로부터 벗어남, 해탈. 궁극적인 실상, 조건화가 없어진 상태.(산스크리트어로는 니르바나nirvāṇa)

|ㄷ|

다나dāna 기부, 베풂, 보시.

담마dhamma 붓다의 가르침, 자연의 법칙, 자유에 이르는 길, 현상.(산스크리트어로는 다르마dharma)

데와deva 천신, 천상의 존재. 데와뿟따devaputta는 데와의 아들.

도사dosa 혐오. 라가rāga · 모하moha와 함께 세 가지 마음의 더러움 중 하나.

둑카dukkha 고통, 불만족. 아낫따anattā · 아닛짜anicca와 함께 현상의 세 가지 기본 특성 중 하나.

딴하taṇhā 갈망과 혐오. 빠띳짜-사뭅빠다paṭicca-samuppāda에 따르면, 딴하는 감각에 대한 반응으로 일어나며, 고통의 원인이 된다.

띠삐따까Tipiṭaka 세 개의 바구니. 붓다 가르침의 세 가지 모음집을 이른다.(산스크리트어로는 트리피타카tripiṭaka)

　1. 위나야-삐따까vinaya-piṭaka: 율장, 수도 생활의 계율 모음집.

2. 숫따-삐따까sutta-piṭaka: 경장, 법문 모음집.

3. 아비담마-삐따까abhidhamma-piṭaka: 논장, 더 높은 가르침의
모음집. 담마에 관한 체계적이고 철학적인 해설.

|ㄹ|

라가 rāga 갈망. 도사dosa · 모하moha와 함께 세 가지 마음의 더러움
중 하나.

로까 loka 우주, 세상, 존재계.

루빠 rūpa 물질, 시각 대상.

|ㅁ|

마라나누사띠 maraṇānusati 죽음 알아차림.

망갈라 maṅgala 번영, 축복, 행복.

멧따 mettā 자비. 사심 없는 사랑과 선의. 까루나karuṇā · 무디따
muditā · 우뻭카upekkhā와 함께 깨끗한 마음의 네 가지 자질 중
하나.

멧따-바와나 mettā-bhāvanā 명상을 통해 멧따를 계발함.

모하 moha 무지. 라가rāga · 도사dosa와 함께 세 가지 마음의 더러움
중 하나.

무디따 muditā 다른 사람의 행운에 기뻐함. 멧따mettā · 까루나
karuṇā · 우뻭카upekkhā와 함께 깨끗한 마음의 네 가지 자질 중

하나.

|ㅂ

바와 bhāva 되어감의 과정, 삶과 죽음의 연속.

바와나 bhāvanā 마음의 계발, 명상. 바와나는 두 가지로 구분된다.

  1. 사마타-바와나 samatha-bhāvanā: 고요함의 계발, 사마디 samādhi.

  2. 위빳사나-바와나 vipassanā-bhāvanā: 통찰력의 계발, 빤냐 paññā.
     사마타의 계발은 마음의 몰입 상태로 이끌고, 위빳사나의 계
     발은 마음의 완전한 자유로 이끈다.

바와뚜 삽바 망갈랑 bhāvatu sabba maṅgalaṃ 선의를 기원하는 전통적인
  소망. 문자 그대로 "모든 존재가 잘 있고, 행복하기를".

붓다 Buddha 깨달은 자. 자유로 가는 길을 발견하고, 그 길을 수행
  하여 자신의 노력으로 최종 목표에 도달한 자.

브라흐마-로까 brahma-loka 20가지 높은 존재계 중 한 곳.

빅쿠 bhikkhu 남자 스님·명상가.

빅쿠니 bhikkhunī 여자 스님·명상가.

빠띠산디 paṭisandhi 환생, 다음 생의 시작.

빠띳짜-사뭅빠다 paṭicca-samuppāda 연기법, 의존하여 일어남, 조건에
  따라 일어남, 원인과 결과. 무지로 인해 존재가 고통을 일으키
  는 과정.

빠라미/빠라미따 pāramī/pāramitā 완벽, 공덕, 건전한 마음 자질.

빠알리 Pāli 붓다의 가르침을 기록한 경전 혹은 경전의 문자.

빤냐 paññā 지혜. 여덟 가지 성스런 길을 수행하는 세 가지 훈련 중 세 번째. 세 가지 지혜가 있다.

　1. 숫따-마야 빤냐suta-maya paññā: 들어서 얻은 지혜.

　2. 찐따-마야 빤냐cintā-maya paññā: 지적인 이해로 얻은 지혜.

　3. 바와나-마야 빤냐bhāvanā-maya paññā: 경험으로 얻은 지혜.

　위빳사나vipassana를 수행해서 계발된 바와나-마와 빤냐만이 마음을 완전히 정화할 수 있다.

|ㅅ

사두 sādhu "잘했습니다" "잘 말씀하셨습니다". 승인이나 동의의 전통적인 표현. 보통 세 번 말한다.

사띠 sati 알아차림. 아나빠나-사띠ānāpāna-sati는 호흡 알아차림, 삼마-사띠sammā-sati는 올바름 알아차림.

사띠빳타나 satipaṭṭhāna 네 가지 측면에서 알아차림을 확립함.

　1. 까야누빳사나kāyānupassanā: 몸에 대한 알아차림을 확립함.

　2. 웨다나누빳사나vedanānupassanā: 감각에 대한 알아차림을 확립함.

　3. 찟따누빳사나cittānupassanā: 마음에 대한 알아차림을 확립함.

　4. 담마누빳사나dhammānupassanā: 마음에 담긴 내용에 대한 알아차림을 확립함.

감각은 몸과 마음에 모두 직접 연관되어 있기 때문에, 네 가지 모두 웨다나vedanā의 관찰에 포함된다.

사마디 samādhi 집중, 마음 다스리기. 여덟 가지 성스런 길을 수행하는 세 가지 훈련 중 두 번째. 그 자체를 목적으로 수행할 때, 마음의 몰입 상태로 이끌지만, 마음의 완전한 자유로 이끌지는 못한다.

사사나 sāsana 붓다의 가르침이 유효한 기간.

산냐 saññā 대상에 의미를 부여하고 다양한 개념을 지어내는 마음의 작용, 표상. 윈냐나viññāṇa · 웨다나vedanā · 상카라saṅkhārā와 함께 마음의 네 가지 마음 집합 또는 과정 중 하나. 산냐는 과거의 상카라로 인해 조건화되어 실상을 왜곡한 이미지를 전달한다. 위빳사나vipassanā 수행에서 산냐는 빤냐paññā로 바뀌고 실상을 있는 그대로 이해한다. 그것은 아닛짜-산냐anicca-saññā(무상을 지각함), 둑카-산냐dukkha-saññā(고통을 지각함), 아낫따-산냐anattā-saññā(무아를 지각함), 아수바-산냐asubha-saññā(아름다움에 대한 환상을 지각함)이다.

삼사라 saṃsāra 다시 태어남, 조건화된 세계, 고통의 세계.

상카라 saṅkhāra 반응하는 마음의 작용, 조건화, 의도적 행위. 윈냐나viññāṇa · 산냐saññā · 웨다나vedanā와 함께 마음의 네 가지 집합 또는 과정 중 하나.(산스크리트어로는 삼스카라saṃskāra)

숫따 sutta 붓다Buddha 또는 그의 제자가 설한 법문.(산스크리트어로

는 수트라sutra)

실라sīla 도덕적 행위, 자신이나 다른 사람을 해치는 행동과 말을 삼감. 여덟 가지 성스런 길을 수행하는 세 가지 훈련 중 첫 번째.

ㅣㅇ

아나빠나ānāpāna 숨, 호흡. 아나빠나-사띠ānāpāna-sati(호흡 알아차림) 의 준말로 종종 사용된다.

아낫따anattā 무아, 자아 없음, 실체 없음. 아닛짜anicca · 둑카dukkha 와 함께 현상의 세 가지 기본 특성 중 하나.

아닛짜anicca 무상, 영원한 것은 없음, 변화. 아낫따anattā · 둑 카dukkha와 함께 현상의 세 가지 기본 특성 중 하나.

아라한arahant 해탈한 자, 마음의 불순물을 모두 제거한 사람.

아루빠arūpa 비물질, 정신.

아사와āsava 흐름, 취하게 하는 것.

우뻭카upekkhā 평정심. 갈망 · 혐오 · 무지로부터 자유로운 마음 상태.

웨다나vedanā 감각을 느끼는 마음의 작용, 느낌. 윈냐나viññāṇa · 산냐saññā · 상카라saṅkhāra와 함께 마음의 네 가지 집합 또는 과 정 중 하나. 빠띳짜-사뭅빠다paticca-samuppāda에 따르면, 갈망 과 혐오는 웨다나에 대한 반응으로 일어난다. 마음과 몸의 측 면을 모두 가진 웨다나는 몸과 마음을 살펴보기에 편리한 대상 이다. 웨다나를 객관적으로 관찰하는 법을 배움으로써 갈망이나 혐오의 새로운 반응을 피할 수 있고, 자신의 내면에서 아닛짜anicca의 실상을 직접 경험할 수 있다. 이 경험은 평정심을 계발하는 데 필수이며, 마음의 자유로 이끈다.

위빳사나 vipassana '사물을 실제 있는 그대로 관찰하는 것', 자기성찰, 마음을 정화시키는 통찰력. 특히 마음과 몸이 지니는 무상 · 무아 · 고통의 성질에 대한 통찰력을 말한다.

위빳사나-바와나 vipassanā-bhāvanā 몸에서 일어나는 감각을 관찰하여 통찰력을 계발함.

윈냐나 viññāṇa 대상을 식별하고 분별하는 주관적인 마음의 작용. 산냐saññā · 웨다나vedanā · 상카라saṅkhārā와 함께 마음의 네 가지 집합 또는 과정 중 하나.

|ㅈ|

자띠 jāti 탄생, 물리적 태어남.

쭈띠 cuti 죽음. 죽음을 통해 한 존재에서 다른 존재로의 이동을 뜻한다.